A Literatura em Perigo

Do autor:
A literatura em perigo
A beleza salvará o mundo

TZVETAN TODOROV

A Literatura em Perigo

16ª edição

Tradução
Caio Meira

Rio de Janeiro | 2025

Copyright © Tzvetan Todorov
Copyright © Flammarion, 2007

Título original: *La littérature en péril*

Capa: Angelo Bottino

Editoração: DFL

2025
Impresso no Brasil
Printed in Brazil

CIP-Brasil. Catalogação na fonte
Sindicato Nacional dos Editores de Livros – RJ

T572L
16ª ed.
	Todorov, Tzvetan, 1939-
	    A literatura em perigo/Tzvetan Todotov; tradução Caio Meira.
	–16ª ed. – Rio de Janeiro: DIFEL, 2025.
	    98p.
	
	    Tradução de: La littérature en péril
	    ISBN 978-85-7432-089-2
	
	    1. Literatura – Filosofia. 2. Literatura – História e crítica. I. Título.

08-4976	CDD – 801 CDU – 82.0

Todos os direitos reservados pela:
DIFEL – selo editorial da
EDITORA BERTRAND BRASIL LTDA.
Rua Argentina, 171 – 3º andar – São Cristóvão
20921-380 – Rio de Janeiro – RJ
Tel.: (021) 2585-2000

Não é permitida a reprodução total ou parcial desta obra, por
quaisquer meios, sem a prévia autorização por escrito da Editora.

Atendimento e venda direta ao leitor:
sac@record.com.br

Sumário

Apresentação à Edição Brasileira.................................... 7

Prólogo 15

A literatura reduzida ao absurdo 25

Além da escola 35

Nascimento da estética moderna 45

A estética das Luzes 53

Do Romantismo às vanguardas 61

O que pode a literatura? 73

Uma comunicação inesgotável 83

Notas 95

Apresentação
à Edição Brasileira

Por Caio Meira

Em nosso meio acadêmico e literário, o nome de Tzvetan Todorov é de imediato associado ao formalismo que tanta fortuna fez no século XX. Como se sabe, o fenômeno formalista disparado pela lingüística de Ferdinand de Saussure contaminou não somente a teoria da literatura, mas também a imensa maioria das produções teóricas em ciências humanas, tendo como apogeu o estruturalismo em suas diversas formas de aparecimento. Todorov esteve não apenas entre os seus principais divulgadores, inserindo-se mesmo como um dos emblemáticos praticantes da abordagem estruturalista em literatura. Ainda que sua produção teórica dos últimos 25 anos se concentre primordialmente no que ele próprio chama de história da cultura e das idéias (o que, aliás, lhe valeu o Prêmio Príncipe de Astúrias em

2008), seus primeiros livros são tão característicos da aplicação direta do estruturalismo no campo da literatura, que não é sem considerável surpresa que muitos receberão *A Literatura em Perigo*. Pois um dos eixos principais de sua argumentação crítica tem como alvo privilegiado justamente a imanência estruturalista que, quando se pretende radical e exclusiva, afasta a obra literária de toda relação possível que ela possa ter com o mundo, com o real, com a vida. A ambição de alcançar *a maior imanência possível da obra*, de captar a verdade intrínseca do texto como um mundo à parte do mundo, está certamente entre os fatores que contribuíram para construir a torre de marfim em que se encerraram muitos dos que direta ou indiretamente lidam com a obra literária.

Não é difícil perceber que a literatura está sob ameaça. E o pior: não se trata de um velho perigo, aquele decorrente da disputa agônica com oponentes de peso como a filosofia socrática, que acusava de subversiva a arte poética — temida principalmente por sua potência encantatória. Nesse sentido, é possível pensar a argumentação socrático-platônica como de fato elogiosa à poesia, pois reconheceu nela o poder de intervir na formação do espírito e, por conseguinte, da realidade como um todo. Para Todorov, o perigo que hoje ronda a literatura é o oposto: o de não ter poder algum, o de não mais participar da formação cultural do indivíduo, do cidadão. Tomemos como exemplo os alunos dos cursos de Letras das universidades brasileiras: boa parte, com idades que variam em torno dos 20 anos, pouco ou quase nada leu de nossos romancistas ou poetas. Quase nenhum deles ouviu falar de Baudelaire, Edgar Allan Poe, Goethe, Fernando Pessoa, e raríssimos os leram. Esses alunos chegam à Faculdade de Letras em busca da especialização numa língua estrangeira ou de se tornarem professores de Português. Por outro lado, não lhes falta capacidade intelectual ou espírito crítico. O fato é que, até esse momento, com raras exceções, a literatura — pelo menos de maneira direta, isto é, mediante a leitura de romances, contos, poemas etc. — não participou de sua formação intelectual e afetiva, deixada, no que diz respeito à arte, bem mais a cargo do cinema e da música popular brasileira ou estrangeira (o que não quer dizer que não haja literatura na música ou no cinema...). O contato maior que qualquer aluno do ensino médio tem com o texto literário de fato se dá seja nas abonações e exemplos que auxiliam na compreensão das regras e formações da língua portuguesa, seja nas próprias aulas de literatura, que se resumem principalmente ao ensino da história e dos gêneros literários.

Assim, passamos do poeta-educador encarnado por Homero ao poeta-inútil, diletante autor da *inútil poesia* — expressão que deveria significar, num primeiro momento, a busca de um vigor não-servil para o fenômeno poético, irredutível às forças mercantilistas que se apoderam das atividades humanas (está aí talvez o caso de um tiro que pode ter saído pela culatra). E o que se perdeu nesse caminho de 25 séculos ou mais foi o poder de referência ao real, foi a capacidade do texto literário de falar do e para o mundo real contemporâneo. O perigo mencionado por Todorov não está, portanto, na escassez de bons poetas ou ficcionistas, no esgotamento da produção ou da criação poética, mas na forma como a literatura tem sido oferecida aos jovens, desde a escola primária até a faculdade: o perigo está no fato de que, por uma estranha inversão, o estudante não entra em contato com a literatura mediante a leitura dos textos literários propriamente ditos, mas com alguma forma de crítica, de teoria ou de história literária. Isto é, seu acesso à literatura é mediado pela forma "disciplinar" e institucional. Para esse jovem, literatura passa a ser então muito mais uma matéria escolar a ser aprendida em sua periodização do que um agente de conhecimento sobre o mundo, os homens, as paixões, enfim, sobre sua vida íntima e pública. As razões que colaboram para esse estado de coisas, tanto na França quanto aqui, são certamente muitas e bastante complexas, e têm a ver com as transformações sofridas tanto pela criação poética em si quanto pelo processo de tornar a literatura uma disciplina científica (e ciência é o que pode ser ensinado na forma de uma disciplina, diria Barthes) passível de se tornar um curso universitário.

O que está em questão neste livro não é invalidar a contribuição estruturalista, renegar a imanência em prol de um retorno ao realismo puro — e isso vale ainda mais para alguém que, como o próprio Todorov, se formou como leitor e amante do texto literário sob a pesada mão do regime totalitário búlgaro (aliás, interessante notar quanto o formalismo nasceu e ganhou força justamente num país às voltas com processos fortemente totalitários, como a Rússia pós-1917, onde talvez fosse de se esperar que, para fugir do temido "realismo socialista", muitos se voltassem para a busca da imanência do texto). Sua proposta é a de restabelecer o equilíbrio entre as contribuições do formalismo-estruturalismo e as conexões do texto literário com o mundo real e com a vida contemporânea, e que isso tenha reflexo na formação de professores e alunos de literatura. Ou seja, o que Todorov reivindica é que o texto literário volte a ocupar o centro e não a periferia do processo educacional (e, por conseguinte, da nossa formação como cidadãos), em especial nos cursos de literatura.

Se transportarmos sua proposta para o caso brasileiro, que Machado de Assis não seja apresentado em primeiro lugar como escritor de transição entre o Romantismo e o Realismo, ou como o iniciador do Realismo no Brasil, mas que *Memórias Póstumas de Brás Cubas* ou *Dom Casmurro* sejam lidos e discutidos antes de serem classificados ou periodizados. Não que não seja importante ler *Memórias Póstumas* à luz do Realismo brasileiro (e sobretudo para além dele), mas que esse seja um estágio posterior e destinado aos que desejam se aprofundar na "ciência da literatura".

Usando a bela imagem de Henry James de que a obra literária é um organismo vivo, para que a teoria e a crítica literárias formadoras dos professores de literatura não matem seu paciente prematuramente no espírito dos futuros leitores, ou seja, para que o próprio leitor não morra como leitor, a arte poética e ficcional deve ser apresentada em primeiro lugar em seu estranho poder imprevisto, encantador, emocionante, de forma a criar raízes profundas o suficiente para que nenhum corte analítico ou metodológico venha a podar sua presença criadora, para que nenhuma de suas partes essenciais seja amputada antes que ela aprenda a se mover e nos acompanhe pelos sentidos que damos à vida à medida que vivemos. Se o texto literário não puder nos mostrar outros mundos e outras vidas, se a ficção ou a poesia não tiverem mais o poder de enriquecer a vida e o pensamento, então teremos de concordar com Todorov e dizer que, de fato, a literatura está em perigo.

Para L.L.

Prólogo

Por mais longe que remontem minhas lembranças, sempre me vejo cercado de livros. Como meus pais eram ambos bibliotecários, havia sempre muitos livros em minha casa. Meu pai e minha mãe viviam às voltas com o planejamento de novas estantes para absorver todos os novos volumes; enquanto isso, os livros se acumulavam nos quartos e corredores, formando pilhas frágeis em meio às quais eu devia me esgueirar. Logo aprendi a ler e comecei a devorar os textos clássicos adaptados para jovens, *As Mil e Uma Noites*, os contos dos irmãos Grimm e de Andersen, *Tom Sawyer*, *Oliver Twist* e *Os Miseráveis*. Um dia, aos oito anos, li um romance inteiro; devo ter ficado muito orgulhoso com o fato, pois escrevi em meu diário: "Hoje, li *Sobre os Joelhos do Meu Avô*, livro de 223 páginas, em uma hora e meia!"

Durante o primário e o ginásio, continuei a venerar a leitura. Entrar no universo dos escritores, clássicos ou contemporâneos, búlgaros ou estrangeiros, cujos textos passei a ler em versão integral, causava-me sempre um frêmito de prazer: eu podia satisfazer minha curiosidade, viver aventuras, experimentar temores e alegrias, sem me submeter às frustrações que espreitavam minhas relações com os garotos e garotas da minha idade e do meu meio social. Não sabia o que queria fazer da minha vida, mas estava certo de que teria a ver com a literatura. Escrever, eu mesmo? Tentei escrever, compus poemas em versos pueris, uma peça em três atos consagrada à vida de anões e gigantes, e até mesmo iniciei a escrita de um romance — mas não passei da primeira página. Logo senti que não era esse o meu caminho. Apesar de inseguro acerca das conseqüências, foi ainda assim sem hesitação que, ao final do ensino médio, escolhi minha carreira universitária: estudaria Letras. Entrei para a Universidade de Sófia, em 1956; falar de livros seria a minha profissão.

A Bulgária fazia então parte do bloco comunista, e os estudos de ciências humanas estavam sob o domínio da ideologia oficial. Nos cursos de literatura, metade era erudição, e a outra metade se compunha de propaganda ideológica: as obras estudadas eram medidas pela escala da conformidade ao dogma marxista-leninista. Era preciso mostrar de que forma esses escritos ilustravam a boa ideologia — ou, então, como eles falhavam em fazê-lo. Ainda que não partilhasse da fé comunista — sem, porém, me sentir imbuído de um espírito de revolta —, refugiava-me no comportamento adotado por muitos de meus compatriotas: em público, concordava com os slogans oficiais, silenciosamente ou com desprezo; do lado privado, uma vida de encontros e de leituras, direcionadas principalmente aos autores que pressentíamos não serem porta-vozes da doutrina comunista: seja por terem tido a sorte de viver antes do advento do marxismo-leninismo, seja por habitarem países em que eram livres para escrever os livros que quisessem.

Para ter êxito nos estudos superiores, porém, era preciso redigir, ao final do quinto ano, uma monografia de fim de curso. Como falar de literatura sem ter de me curvar às exigências da ideologia dominante? Tomei um dos raros caminhos em que era possível escapar da militância geral. Essa via consistia em tratar de objetos sem cerne ideológico: ou seja, nas obras literárias, abordar a própria materialidade do texto, suas formas lingüísticas. Eu não era o único a tentar esta solução: desde a segunda década do século XX, os formalistas russos já haviam desbravado o caminho, seguidos posteriormente por outros. Na universidade, nosso professor mais importante era, logicamente, um especialista em versificação. Escolhi, então, escrever minha monografia comparando duas versões de uma longa novela de um autor búlgaro, escrita no início do século XX, limitando-me à análise gramatical das modificações feitas por ele entre as duas versões: os verbos transitivos substituíam os intransitivos, o perfectivo se tornava mais freqüente que o imperfectivo...

Assim, minhas observações escapavam a toda censura! Procedendo dessa maneira, não me expunha a violar os tabus ideológicos do partido.

Nunca saberei como teria continuado esse jogo de gato e rato — não necessariamente a meu favor. Surgiu a oportunidade de partir um ano "para a Europa", como dizíamos na época, isto é, passar ao outro lado da "cortina de ferro" (uma imagem que nunca julgávamos excessiva, visto que atravessar essa fronteira era quase impossível). Escolhi Paris, cuja reputação — cidade das artes e das letras! — me fascinava. Eis um lugar onde meu amor pela literatura não conheceria limites, onde eu poderia reunir, em plena liberdade, convicções íntimas e ocupações públicas, eliminando assim a esquizofrenia imposta pelo regime totalitário búlgaro.

As coisas se revelaram um pouco mais difíceis do que eu havia imaginado. Ao longo de meus estudos universitários, eu me habituara a identificar elementos das obras literárias que escapassem à ideologia: estilo, composição, formas narrativas, enfim, a técnica literária. Convencido, num primeiro momento, de que permaneceria na França por apenas um ano, já que era essa a validade do passaporte que me fora concedido, eu queria aproveitar para aprender tudo que pudesse sobre esses temas: negligenciados e marginalizados na Bulgária, onde tinham o defeito de servirem mal à causa comunista, eles deviam ser estudados de todas as formas num país onde reinava a liberdade! Ora, tive dificuldades para encontrar esse tipo de ensino nas faculdades parisienses. Como os cursos de literatura eram ali divididos por nações e por séculos, eu não sabia como encontrar os professores que se dedicavam às questões que me interessavam. É preciso dizer também que o labirinto de instituições escolares e de seus programas não facilitava o acesso ao estudante estrangeiro que eu era.

Eu havia sido recomendado pelo decano da faculdade de Letras de Sófia a seu homólogo em Paris. Num dia do mês de maio de 1963, bati à porta de um escritório da Sorbonne (até então, a única universidade parisiense), justamente o do decano da faculdade de Letras, o historiador André Aymard. Após ter lido a carta de recomendação, ele me perguntou sobre que tema eu gostaria de fazer minha pesquisa. Respondi que desejava dar continuidade aos estudos sobre estilo, linguagem e teoria literários — em geral. "Mas não é possível estudar essas matérias em geral! Em que literatura você deseja se especializar?" Sentindo o chão fugir sob meus pés, gaguejei um pouco confuso que a literatura francesa seria o meu objeto de estudo. Percebi também que meu francês, não muito sólido na época, me causava embaraços. O decano me olhou condescendente e sugeriu que eu estudasse, em vez disso, a literatura búlgara com um de seus especialistas, que não deviam faltar na França.

Apesar de me sentir um pouco desanimado, prossegui com minha pesquisa, interrogando algumas pessoas que eu conhecia. E foi assim que, um dia, um professor de psicologia, amigo de um amigo, me disse depois de ter me escutado expor minhas dificuldades: "Conheço alguém que se interessa por essas questões um pouco bizarras; ele é assistente na Sorbonne e se chama Gérard Genette." Nós nos encontramos num corredor escuro entre as salas de aula localizadas na rua Serpente; uma grande simpatia logo nasceu entre nós. Ele me contou, entre outras coisas, que um professor dava seus seminários na École des Hautes Études, e que não seria difícil freqüentá-los; o nome desse professor (eu nunca o havia escutado) era Roland Barthes.

O início de minha vida profissional na França está ligado a esses encontros. Logo decidi que apenas um ano de estudos não me bastaria e que eu devia permanecer ali por mais tempo. Inscrevi-me para fazer meu doutorado com Barthes, cujo trabalho final apresentei em 1966. Pouco depois, entrei para o CNRS, onde se desenvolveu toda a minha carreira. Nesse ínterim, por instigação de Genette, verti para o francês os textos dos formalistas russos, mal conhecidos na França, dando ao volume, lançado em 1965, o título de *Teoria da Literatura*.* Mais tarde, sempre com Genette, dirigimos durante dez anos a revista *Poétique*, que deu origem a uma coleção de ensaios de mesmo nome, e tentamos modificar a orientação do ensino literário na

---

* T. Todorov (org.), *Teoria da Literatura, Formalistas Russos*. Rio Grande do Sul: Editora Globo, 1971, tradução coletiva. (N.T.)

universidade, a fim de libertá-la dos grilhões das nações e dos séculos, e promover sua abertura a tudo que pode aproximar as obras umas das outras.

Os anos que se seguiram foram, para mim, de integração progressiva à sociedade francesa. Casei-me, tive filhos e logo me tornei um cidadão francês. Comecei a votar e a ler os jornais, interessando-me pela vida pública um pouco mais do que quando estava na Bulgária, pois descobria então que essa vida não era necessariamente submissa aos dogmas ideológicos, como nos países totalitários. Sem cair numa admiração beata, alegrava-me constatar que a França era uma democracia pluralista, respeitadora das liberdades individuais. Essa constatação influenciava, por sua vez, minhas escolhas de abordagem da literatura: o pensamento e os valores contidos em cada obra não se viam mais aprisionados numa coleira ideológica preestabelecida; não havia mais razão para pô-los de lado e ignorá-los. As causas de meu interesse *exclusivo* pela matéria verbal dos textos haviam desaparecido. De meados dos anos 70 em diante, perdi o interesse pelos *métodos* de análise literária e passei a me dedicar à análise em si, isto é, aos encontros com os autores.

A partir daí, meu amor pela literatura não se via mais limitado à educação recebida em meu país totalitário. De imediato, tive que procurar dominar novas ferramentas de trabalho; senti necessidade de me familiarizar com elementos e conceitos da psicologia, da antropologia e da história. Uma vez que as idéias dos autores recuperavam todas as suas forças, quis, para melhor compreendê-las, mergulhar na história do pensamento que concerne ao homem e suas sociedades, na filosofia moral e política.

Sendo assim, o próprio objeto desse trabalho de conhecimento se ampliou. A literatura não nasce no vazio, mas no centro de um conjunto de discursos vivos, compartilhando com eles numerosas características; não é por acaso que, ao longo da história, suas fronteiras foram inconstantes. Sinto-me atraído por essas formas diversas de expressão, não em detrimento da literatura, mas ao lado dela. Em *A Conquista da América*,* para saber como culturas muito diferentes se encontram, li as narrativas dos viajantes e dos conquistadores espanhóis do século XVI, assim como os relatos dos seus contemporâneos astecas e maias. Para refletir acerca da nossa vida moral, mergulhei nos textos dos antigos deportados dos campos russos e alemães; isso me levou a escrever *Em Face do Extremo*.** A correspondência de alguns escritores me permitiu, em *Les Aventuriers de l'absolu* (Os Aventureiros do Absoluto),*** questionar o projeto existencial

---

* T. Todorov, *A Conquista da América. A Questão do Outro*. São Paulo: Martins Fontes, 1983, tradução de Beatriz Perrone-Moisés. (N.T.)
** *Idem*, *Em Face do Extremo*. Campinas: Papirus, 1995, Coleção Travessia do Século, tradução de Egon de Oliveira Rangel e Enid Abreu Dobránszky. (N.T.)
*** *Idem*, *Les Aventuriers de l'absolu*. Paris, Robert Laffont, 2006, sem tradução para o português até o momento. (N.T.)

que consiste em colocar sua vida a serviço do belo. Os textos que lia — relatos pessoais, memórias, obras históricas, testemunhos, reflexões, cartas e textos folclóricos anônimos — não partilhavam o status de ficção com as obras literárias, e isso porque descreviam diretamente os eventos vividos; no entanto, do mesmo modo que a literatura, esses textos me faziam descobrir dimensões incógnitas do mundo, me tocavam e me incitavam a pensar. Em outras palavras, o campo da literatura se expandiu para mim, porque passou a incluir, ao lado dos poemas, romances, novelas e obras dramáticas, o vasto domínio da escrita narrativa destinada ao uso público ou pessoal, além do ensaio e da reflexão.

Hoje, se me pergunto por que amo a literatura, a resposta que me vem espontaneamente à cabeça é: porque ela me ajuda a viver. Não é mais o caso de pedir a ela, como ocorria na adolescência, que me preservasse das feridas que eu poderia sofrer nos encontros com pessoas reais; em lugar de excluir as experiências vividas, ela me faz descobrir mundos que se colocam em continuidade com essas experiências e me permite melhor compreendê-las. Não creio ser o único a vê-la assim. Mais densa e mais eloqüente que a vida cotidiana, mas não radicalmente diferente, a literatura amplia o nosso universo, incita-nos a imaginar outras maneiras de concebê-lo e organizá-lo. Somos todos feitos do que os outros seres humanos nos dão: primeiro nossos pais, depois aqueles que nos cercam; a literatura abre ao infinito essa possibilidade de interação com os outros e, por isso, nos enriquece infinitamente. Ela nos proporciona sensações insubstituíveis que fazem o mundo real se tornar mais pleno de sentido e mais belo. Longe de ser um simples entretenimento, uma distração reservada às pessoas educadas, ela permite que cada um responda melhor à sua vocação de ser humano.

A LITERATURA REDUZIDA AO ABSURDO

Com o passar do tempo, percebi com alguma surpresa que o papel eminente por mim atribuído à literatura não era reconhecido por todos. Foi no ensino escolar que essa disparidade inicialmente me tocou. Não lecionei para o ginásio na França, e minha experiência na universidade foi exígua; mas, ao me tornar pai, não podia me manter insensível aos pedidos de ajuda feitos por meus filhos em véspera de exames ou de entrega de deveres. Ora, mesmo não tendo posto toda a minha ambição no caso, comecei a me sentir um pouco embaraçado ao ver que meus conselhos ou intervenções proporcionavam notas sobretudo medíocres! Mais tarde, adquiri uma visão de conjunto do ensino literário nas escolas francesas ao me tornar membro, entre 1994 e 2004, do Conselho Nacional de Programas, uma comissão consultiva pluridisciplinar, ligada ao Ministério da Educação francês. Ali pude compreender: uma idéia totalmente diversa funciona na base não apenas da prática de alguns professores isolados, mas também na teoria dessa disciplina e nas instruções oficiais que a delimitam.

Abro o *Boletim Oficial* do Ministério da Educação (n° 6, de 31 de agosto de 2000), que contém o programa dos *lycées*,* em particular o do ensino de Francês. Na primeira página, sob o título "As perspectivas de estudo", o programa anuncia: "O estudo dos textos contribui para formar a reflexão sobre: a história literária e cultural, os gêneros e registros, a elaboração da significação e a singularidade dos textos, a argumentação e os efeitos de cada discurso sobre seus destinatários." A seqüência do texto comenta essas rubricas e explica notadamente que os gêneros "são estudados metodicamente", que "os registros (por exemplo, o trágico, o cômico)" são aprofundados no segundo ano do ensino médio, que "a reflexão sobre a produção e a recepção dos textos constitui um estudo separado no *lycée*" ou que "os elementos da argumentação" serão doravante "apreciados de maneira mais analítica".

O conjunto dessas instruções baseia-se, portanto, numa escolha: os estudos literários têm como objetivo primeiro o de nos fazer conhecer os instrumentos dos quais se servem.

---

* O *lycée* corresponde aos três últimos anos do ensino secundário. Na França, o ensino de literatura nos níveis primário, secundário e médio é feito dentro da disciplina de Francês. (N.T.)

A Literatura em Perigo

Ler poemas e romances não conduz à reflexão sobre a condição humana, sobre o indivíduo e a sociedade, o amor e o ódio, a alegria e o desespero, mas sobre as noções críticas, tradicionais ou modernas. Na escola, não aprendemos acerca do que falam as obras, mas sim do que falam os críticos.

Em toda matéria escolar, o ensino é confrontado a uma escolha — tão fundamental que na maior parte do tempo nem é percebida. Poderíamos formulá-la, simplificando um pouco a discussão, da seguinte maneira: ao ensinar uma disciplina, a ênfase deve recair sobre a disciplina em si ou sobre seu objeto? E, portanto, em nosso caso: devemos estudar, em primeiro lugar, os métodos de análise, ilustrados com a ajuda de diversas obras? Ou estudarmos obras consideradas como essenciais, utilizando os mais variados métodos? Qual é o objetivo, e quais são os meios para alcançá-lo? O que é obrigatório, o que se mantém facultativo?

Em todas as outras matérias, operamos essa escolha de maneira bem mais clara. De um lado, o ensino da matemática, da física, da biologia, ou seja, das disciplinas (das ciências) deve levar em conta, com maior ou menor qualidade, sua evolução. Do outro, ensina-se História, e não um método de investigação histórica entre outros. Por exemplo, no primeiro ano do ensino médio, considera-se importante reavivar, no espírito dos alunos, os grandes momentos de ruptura da história européia: a democracia grega, o nascimento dos monoteísmos, o humanismo do Renascimento e assim por diante. Não se escolhe ensinar a história das mentalidades, ou a história econômica, ou militar, ou diplomática, ou religiosa, nem os métodos e os conceitos de cada uma dessas abordagens, mesmo se nos servimos deles quando temos necessidade.

Ora, essa mesma escolha se apresenta para a literatura; e a orientação atual desse ensino, tal como ela se reflete nos programas, vai toda no sentido do "estudo da disciplina" (como na física), ao passo que poderíamos ter preferido nos orientar para o "estudo do objeto" (como na história). Isso fica demonstrado no texto de apresentação geral que acabo de citar, assim como em outras numerosas instruções. Ao entrar no ensino médio, devo em primeiro lugar conseguir "dominar o essencial das noções de gênero e registro", assim como as "situações de enunciação"; dito de outro modo, devo me iniciar no estudo da semiótica e da pragmática, da retórica e da poética. Sem pretender denegrir essas disciplinas, podemos nos perguntar: será necessário fazer dessa abordagem a principal matéria estudada na escola? Todos esses objetos de conhecimento são construções abstratas, conceitos forjados pela análise literária, a fim de abordar as obras; nenhuma diz respeito ao que falam as obras em si, seu sentido, o mundo que elas evocam.

Em sua aula, na maior parte do tempo, o professor de literatura não pode se resumir a ensinar, como lhe pedem as instruções oficiais, os gêneros e os registros, as modalidades de significação e os efeitos da argumentação, a metáfora e a metonímia, a focalização interna e externa etc. Ele estuda também as obras. Mas descobrimos aqui uma segunda inflexão do ensino literário. Tomo um exemplo: eis como, em 2005, ensina-se a matéria Letras no último ano do *lycée* da *filière** L (literatura), numa grande escola parisiense. Quatro temas são estudados, certamente vastos, entre os quais "Grandes modelos literários" ou "Linguagem verbal e imagens", aos quais correspondem algumas obras, em particular *Perceval*, de Chrétien de Troyes, e *O Processo*, de Kafka (relacionado ao filme de Orson Welles). Todavia, as questões que os alunos deverão tratar nos exames, tanto durante o ano quanto durante o *bac*,** são, em sua grande maioria, apenas de um tipo. Elas se referem à função de um elemento do livro em relação à sua estrutura de conjunto, dispensando o sentido desse elemento e também o sentido do livro inteiro em relação ao seu ou ao nosso tempo. Os alunos serão interrogados sobre o papel de tal personagem, de tal episódio, de determinado detalhe na busca pelo Graal, mas não sobre a própria significação dessa busca. Serão feitas questões

---

* Ao contrário do atual modelo brasileiro de ensino, na França o estudante secundarista já pode começar a escolher progressivamente o grupo de disciplinas mais afins a seu percurso, as *filières*, podendo optar por matérias mais tecnológicas, econômicas, humanas etc. (N.T.)
** *Baccalauréat*, ou *bac*, na forma abreviada, exame nacional francês de acesso ao ensino superior, equivalente ao vestibular. (N.T.)

sobre se *O Processo* pertence ao registro cômico ou ao do absurdo, em lugar de procurar o lugar de Kafka no pensamento europeu.

Compreendo que alguns professores de ginásio se regozijem com essa evolução: mais do que hesitar diante de uma massa inapreensível de informações relativas a cada obra, eles sabem que devem ensinar as "seis funções de Jakobson" e os "seis actantes de Greimas", a analepse e a prolepse, e assim por diante. E também será muito mais fácil, num segundo momento, verificar se os alunos aprenderam de fato sua lição. Mas será que houve um ganho verdadeiro proporcionado por essa mudança? Muitos argumentos me inclinam na direção de uma concepção dos estudos literários mais próxima do modelo da história do que do da física, da literatura como capaz de conduzir ao conhecimento de um objeto exterior, em vez de buscar os arcanos da disciplina. Em primeiro lugar, porque não existe consenso, entre os pesquisadores no campo da literatura, sobre o que deveria constituir o núcleo de sua disciplina. Os estruturalistas têm maioria hoje na escola, como ontem era o caso dos historiadores e amanhã poderá ser o dos politicólogos; haveria sempre alguma arbitrariedade numa determinada escolha. Os críticos e teóricos literários atuais não entram em acordo sobre os principais "registros" — nem mesmo sobre a necessidade de introduzir essa noção em seu campo de estudos. Há aqui, portanto, um abuso de poder.

A Literatura em Perigo

De resto, confirma-se a assimetria: se em física é ignorante aquele que não conhece a lei da gravitação, em literatura essa ignorância é atribuída a quem não leu *As Flores do Mal*. Poderíamos apostar que Rousseau, Stendhal e Proust permanecerão familiares aos leitores muito tempo depois de terem sido esquecidos os nomes dos teóricos atuais ou suas construções conceituais, e há mesmo evidências de falta de humildade no fato de ensinarmos nossas próprias teorias acerca de uma obra em vez de abordar a própria obra em si mesma. Nós — especialistas, críticos literários, professores — não somos, na maior parte do tempo, mais do que anões sentados em ombros de gigantes. Além disso, não tenho dúvida de que concentrar o ensino de Letras nos textos iria ao encontro dos anseios secretos dos próprios professores, que escolheram sua profissão por amor à literatura, porque os sentidos e a beleza das obras os fascinam; e não há nenhuma razão para que reprimam essa pulsão. Os professores não são os responsáveis por essa maneira ascética de falar da literatura.

É verdade que o sentido da obra não se resume ao juízo puramente subjetivo do aluno, mas diz respeito a um trabalho de conhecimento. Portanto, para trilhar esse caminho, pode ser útil ao aluno aprender os fatos da história literária ou alguns princípios resultantes da análise estrutural. Entretanto, em nenhum caso o estudo desses *meios* de acesso pode substituir o sentido da obra, que é o seu *fim*. Para erguer um prédio é necessária a montagem de andaimes, mas não se deve substituir o primeiro pelos segundos: uma vez construído o prédio, os andaimes são destinados ao desaparecimento. As inovações trazidas pela abordagem estrutural nas décadas precedentes são bem-vindas com a condição de manter sua função de instrumentos, em lugar de se tornarem seu objetivo próprio. Não devemos acreditar nos espíritos maniqueístas: não somos obrigados a escolher entre o retorno à velha escola interiorana — em que todos os alunos vestem uniforme cinza — e o modernismo radical; podemos manter os belos projetos do passado sem ter de vaiar tudo que encontra sua origem no mundo contemporâneo. Os ganhos da análise estrutural, ao lado de outros, podem ajudar a compreender melhor o sentido de uma obra. Em si, eles não são mais inquietantes do que os da filologia, a velha disciplina que dominara o estudo de Letras durante 150 anos: são instrumentos que ninguém hoje pode contestar, mas nem por isso merecem que nos dediquemos a eles em tempo integral.

É preciso ir além. Não apenas estudamos mal o sentido de um texto se nos atemos a uma abordagem interna estrita, enquanto as obras existem sempre dentro e em diálogo com um contexto; não apenas os meios não devem se tornar o fim, nem a técnica nos deve fazer esquecer o objetivo do exercício. É preciso também que nos questionemos sobre a finalidade última das obras que julgamos dignas de serem estudadas. Em regra geral, o leitor não profissional, tanto hoje quanto ontem, lê essas obras não para melhor dominar um método de ensino, tampouco para retirar informações sobre as sociedades a partir das quais foram criadas, mas para nelas encontrar um sentido que lhe permita compreender melhor o homem e o mundo, para nelas descobrir uma beleza que enriqueça sua existência; ao fazê-lo, ele compreende melhor a si mesmo. O conhecimento da literatura não é um fim em si, mas uma das vias régias que conduzem à realização pessoal de cada um. O caminho tomado atualmente pelo ensino literário, que dá as costas a esse horizonte ("nesta semana estudamos metonímia, semana que vem passaremos à personificação"), arrisca-se a nos conduzir a um impasse — sem falar que dificilmente poderá ter como conseqüência o amor pela literatura.

Além da escola

Como aconteceu de o ensino de literatura na escola ter-se tornado o que é atualmente? Pode-se, inicialmente, dar a essa questão uma resposta simples: trata-se do reflexo de uma mutação ocorrida no ensino superior. Se os professores de literatura, em sua grande maioria, adotaram essa nova ótica na escola, é porque os estudos literários evoluíram da mesma maneira na universidade: antes de serem professores, eles foram estudantes. Essa mutação ocorreu uma geração mais cedo, nos anos 1960 e 1970, e sob a bandeira do "estruturalismo". Por ter participado desse movimento, eu deveria sentir-me responsável pelo estado atual da disciplina?

Quando cheguei à França, no início dos anos 1960, os estudos literários universitários eram dominados, torno a lembrar, por tendências bem diferentes das de hoje. Ao lado de uma explicação do texto (essencialmente uma prática empírica), pedia-se principalmente aos estudantes que se moldassem a um contexto histórico e nacional; os raros especialistas a fazer exceção a essa regra ensinavam fora do território francês ou fora das cadeiras de estudos literários. Antes de se interrogarem longamente sobre o sentido das obras, os doutorandos preparavam um inventário exaustivo acerca de tudo que as cercava: biografia do autor, protótipos possíveis das personagens, variantes da obra, além das reações provocadas por ela em seu tempo. Eu sentia a necessidade de equilibrar essa abordagem com outras, com as quais me familiarizei graças a leituras em línguas estrangeiras, a dos formalistas russos, dos teóricos alemães do estilo e das formas (Spitzer, Auerbach, Kayser) e dos autores do *New Criticism* americano. Pretendia também que, em vez de proceder de maneira puramente intuitiva, fossem explicitadas as noções utilizadas na análise literária; para esse fim, trabalhei, junto com Genette, na elaboração de uma "poética", ou estudo das propriedades do discurso literário.

A meu ver, tanto hoje quanto naquela época, a abordagem interna (estudo das relações dos elementos da obra entre si) devia completar a abordagem externa (estudo do contexto histórico, ideológico, estético). O aumento da precisão dos instrumentos de análise permitia estudos mais agudos e rigorosos; o objetivo último, porém, permanecia a compreensão do sentido das obras. Em 1969, organizei, em colaboração com Serge Doubrovsky, um colóquio de dez dias cujo tema era "O ensino da literatura", em Cérisy-la-Salle. Ao reler hoje minha conclusão dos debates, acho-a bastante desarticulada (é a transcrição de uma intervenção oral), mas clara nesse ponto. Eu procurava introduzir ali a idéia de uma poética e acrescentava: "A desvantagem desse tipo de trabalho é, digamos, sua modéstia, o fato de não ir longe o suficiente, não passando de um estudo preliminar, que consiste precisamente em constatar e identificar as categorias em jogo no texto literário, e não a nos falar do sentido do texto."[1]

Minha intenção (e a das pessoas que me cercavam na época) era a de estabelecer um melhor equilíbrio interno e externo, como entre teoria e prática. Entretanto, não foi assim que as coisas se passaram. O espírito de Maio de 68, que não tinha propriamente em si nada a ver com a orientação dos estudos literários, transformou as estruturas universitárias e modificou profundamente as hierarquias então existentes. O ponteiro da balança não se deteve num ponto de equilíbrio, indo muito além na direção oposta: hoje, prevalecem as abordagens internas e as categorias da teoria literária.

Tal mutação nos estudos universitários de literatura não pode ser explicada somente pela influência do estruturalismo; ou, se preferirmos, é necessário tentar compreender de onde vem a força dessa influência. Aqui, a concepção subjacente que fazemos da literatura deve ser avaliada. No decorrer do período anterior, que durou mais de um século, a história literária dominou o ensino universitário; isto é, tratava-se essencialmente de um estudo de causas que conduzem ao surgimento da obra: as forças sociais, políticas, étnicas e psíquicas, das quais o texto literário supostamente deveria ser a conseqüência; ou, ainda, os efeitos desse texto, sua difusão, seu impacto no público, sua influência sobre outros autores. A preferência, assim, era concedida à inserção da obra literária numa cadeia causal. O estudo do sentido, em contrapartida, era considerado com muita suspeita. Esse estudo era criticado por nunca poder se tornar científico o bastante, sendo então abandonado a outros comentadores, desvalorizados, a escritores ou a críticos de jornais. A tradição universitária não concebia a literatura como, em primeiro lugar, a encarnação de um pensamento e de uma sensibilidade, tampouco como interpretação do mundo.

Essa tendência de longa duração pode ser reencontrada de maneira exacerbada na fase mais recente dos estudos literários. Decide-se neste momento (para citar apenas uma entre mil formulações) que "a obra impõe o advento de uma ordem em estado de ruptura com o existente, a afirmação de um reino que obedece a suas leis e lógicas próprias",[2] excluindo uma relação com o "mundo empírico" ou a "realidade" (palavras que só passam a ser usadas entre aspas). Dito de outra forma, a partir de agora, a obra literária é representada como um objeto de linguagem fechado, auto-suficiente, absoluto. Em 2006, na universidade francesa, essas generalizações abusivas ainda são apresentadas como postulados sagrados. Sem qualquer surpresa, os alunos do ensino médio aprendem o dogma segundo o qual a literatura não tem relação com o restante do mundo, estudando apenas as relações dos elementos da obra entre si. O que, não se duvida, contribui para o desinteresse crescente que esses alunos demonstram pela *filière littéraire*:* em poucas décadas, o número passou de 33% para 10% dos inscritos no *bac* geral! Por que estudar literatura se ela não é senão a ilustração dos meios necessários à sua análise? Ao término de seu percurso, de fato, os estudantes de Letras se vêem diante de uma escolha brutal: ou se tornam, por sua vez, professores de literatura, ou partem para o desemprego.

De forma diferente do ensino no primeiro e segundo graus, a universidade não obedece a programas comuns, o que permite encontrar, no ensino universitário, representan-

---

* Na França, a estrutura do ensino superior difere da brasileira. Ao lado das universidades, existem as Grandes Escolas, destinadas, em princípio, a receber e a formar a elite intelectual do país. Após o diploma de conclusão do ensino médio, o aluno que escolhe não entrar numa universidade pode se candidatar a freqüentar por 2 ou 3 anos os cursos preparatórios para as Grandes Escolas. Esses cursos, patrocinados pelo Estado, dividem-se em 3 grupos importantes ou *filières*: o literário (destinado aos estudos de literatura, história, filosofia, política etc.), o científico e o econômico/comercial. Entre as Grandes Escolas, uma das mais prestigiadas é a École Normale Supérieure, que tem sede em Paris. (N.T.)

tes das mais diversas, e mesmo das mais contraditórias, escolas de pensamento. Permanece o fato de que a tendência que se recusa a ver na literatura um discurso sobre o mundo ocupa uma posição dominante no ambiente universitário, exercendo uma influência notável sobre a orientação dos futuros professores de literatura. A recente corrente da "desconstrução" não levou a uma direção diversa. Seus representantes podem, de fato, se interrogar acerca da relação entre a obra, a verdade e os valores, mas apenas para constatar — ou melhor, para decidir, pois eles o sabem previamente, tão forte é o dogma — que a obra é fatalmente incoerente e que, por isso, não consegue afirmar nada, subvertendo assim seus próprios valores; e é a isso que eles chamam de desconstruir o texto. Diversamente do estruturalismo clássico, que afastava a questão da verdade dos textos, o pós-estruturalismo quer de fato examinar essa questão, mas seu comentário invariável é que ela nunca receberá qualquer resposta. O texto só pode dizer uma única verdade, a saber: que a verdade não existe ou que ela se mantém para sempre inacessível. Essa concepção de linguagem estende-se para além da literatura e concerne, sobretudo nas universidades americanas, a disciplinas nas quais, anteriormente, a relação com o mundo não era contestada. Assim, a história, o direito e mesmo as ciências naturais serão também descritas como gêneros literários, com suas regras e convenções; assimilados à literatura que supostamente só deveria obedecer às suas próprias exigências, essas disciplinas se tornaram, por sua vez, objetos fechados e auto-suficientes.

Estaria eu sugerindo que o ensino da disciplina deve se apagar inteiramente em prol do ensino das obras? Não, mas que cada um deve encontrar o lugar que lhe convém. No ensino superior, é legítimo ensinar (também) as abordagens, os conceitos postos em prática e as técnicas. O ensino médio, que não se dirige aos especialistas em literatura, mas a todos, não pode ter o mesmo alvo; o que se destina a todos é a literatura, não os estudos literários; é preciso então ensinar aquela e não estes últimos. O professor do ensino médio fica encarregado de uma das mais árduas tarefas: interiorizar o que aprendeu na universidade, mas, em vez de ensiná-lo, fazer com que esses conceitos e técnicas se transformem numa ferramenta invisível. Isso não seria pedir a esse professor um esforço excessivo, do qual apenas os mestres serão capazes? Não nos espantemos depois se ele não conseguir realizá-lo a contento.

A concepção redutora da literatura não se manifesta apenas nas salas de aula ou nos cursos universitários; ela também está representada de forma abundante entre os jornalistas que resenham livros, e mesmo entre os próprios escritores. Devemos nos espantar? Todos esses críticos passaram pela escola, muitos deles também pelas faculdades de Letras, onde aprenderam que a literatura fala apenas de si mesma e que a única maneira de honrá-la é valorizar o jogo de seus elementos constitutivos. Se os escritores aspiram ao elogio da crítica, eles devem se conformar a tal imagem, por mais pálida que esta seja; de resto, muitas vezes os próprios escritores começaram como críticos. Essa evolução é mais visível na França do que no restante da Europa, e mais intensa também na Europa do que no restante do mundo. Podemos nos perguntar ao mesmo tempo se não encontramos aí uma das explicações do fraco interesse que a literatura francesa suscita hoje fora das fronteiras do país.

Numerosas obras contemporâneas ilustram essa concepção formalista da literatura; elas cultivam a construção engenhosa, os processos mecânicos de engendramento do texto, as simetrias, os ecos e os pequenos sinais cúmplices. Todavia, essa concepção não é a única tendência a dominar a literatura e a crítica jornalística na França no início do século XXI. Outra tendência influente encarna uma visão de mundo que poderíamos qualificar de niilista, segundo a qual os homens são tolos e perversos, as destruições e as formas de violência dizem a verdade da condição humana, e a vida é o advento de um desastre. Não se pode mais, nesse caso, afirmar que a literatura não descreve o mundo: mais do que uma negação da representação, ela se torna a representação de uma negação. O que não a impede de permanecer como objeto de uma crítica formalista: já que, para essa crítica, o universo representado no livro é auto-suficiente, sem relação com o mundo exterior, abrem-se as portas para sua análise sem que se tenha de interrogar sobre a pertinência das opiniões expressas no livro, nem sobre a veracidade do quadro que ele pinta. A história da literatura o mostra bem: passa-se facilmente do formalismo ao niilismo ou vice-versa, e podem-se mesmo cultivar os dois simultaneamente.

Por sua vez, a tendência niilista conhece uma exceção maior, que concerne ao fragmento do mundo constituído pelo autor em si. Outra prática literária provém, com efeito, de uma atitude complacente e narcísica que leva o autor a descrever detalhadamente suas menores emoções, suas mais insignificantes experiências sexuais, suas reminiscências mais fúteis: quanto mais repugnante, mais fascinante é o mundo! Falar mal de si, aliás, não destrói esse prazer, já que o essencial é falar de si — o que se diz é secundário. A literatura (nesse caso, diz-se, preferencialmente, "a escrita") tornou-se apenas um laboratório no qual o autor pode estudar a si mesmo a seu bel-prazer e tentar se compreender. É possível qualificar essa terceira tendência, após as do *formalismo* e do *niilismo*, de *solipsismo*, de acordo com essa teoria filosófica que postula que o si mesmo é o único ser existente. A falta de verossimilhança dessa teoria, de fato, a condena à marginalidade, mas isso não impede que ela se torne um programa de criação literária. Uma de suas variantes recentes é o que se chama de "autoficção": o autor continua a se dedicar à evocação de seus humores, mas, além disso, se libera de todo constrangimento referencial, beneficiando-se assim tanto da suposta independência da ficção quanto do prazer engendrado pela valorização de si.

Niilismo e solipsismo são claramente solidários. Ambos repousam na idéia de que uma ruptura radical separa o eu e o mundo, isto é, de que não existe mundo comum. Só posso declarar a vida e o universo como totalmente insuportáveis se previamente me excluo deles. Reciprocamente, só decido me dedicar exclusivamente à descrição de minhas próprias experiências se considero o restante do mundo sem valor e indiferente a mim. Essas duas visões de mundo são, portanto, igualmente parciais: o niilismo omite a inclusão de um lugar para si mesmo e para os que lhe são semelhantes no quadro de desolação por ele pintado; o solipsismo negligencia a representação do contexto humano e material que o torna possível. Niilismo e solipsismo mais completam a escolha formalista do que a refutam: a cada vez, mas a partir de modalidades diferentes, é o mundo exterior, o mundo comum a mim e aos outros, que é negado e depreciado. É devido a isso que, em grande parte, a criação contemporânea francesa é solidária da idéia da literatura que se pode encontrar na base do ensino e da crítica: uma idéia absurdamente restrita e empobrecida.

Nascimento da estética moderna

A tese segundo a qual a literatura não mantém ligação significativa com o mundo, e que, por conseguinte, sua apreciação não deve levar em conta o que ela nos diz do mundo, não é nem uma invenção dos professores de Letras atuais nem uma contribuição original dos estruturalistas. Essa tese tem uma história longa e complexa, paralela ao advento da modernidade. Para melhor compreendê-la, podendo observá-la a partir de seu exterior, gostaria de evocar brevemente aqui suas principais etapas.[3]

Para começar, deve-se dizer que, dentro do que com bastante acerto chamamos de teoria clássica da poesia, a relação com o mundo exterior é afirmada com grande força. Algumas das fórmulas utilizadas pelos Antigos para ilustrar essa idéia são mantidas e repetidas fartamente, mesmo já se tendo perdido o sentido dado por seus autores, a saber: segundo Aristóteles, a poesia é uma imitação da natureza, e, segundo

Horácio, sua função é agradar e instruir. A relação com o mundo encontra-se, assim, tanto do lado do autor, que deve conhecer as realidades do mundo para poder "imitá-las", quanto do lado dos leitores e ouvintes, que podem, é claro, encontrar prazer nessas realidades, mas que delas também tiram lições aplicáveis ao restante de sua existência. Na Europa cristã dos primeiros séculos, a poesia serve principalmente à transmissão e à glorificação de uma doutrina da qual ela apresenta uma variante mais acessível e mais impressionante, mas ao mesmo tempo menos precisa. Ao se libertar dessa pesada tutela, ela é imediatamente relacionada aos critérios antigos. A partir do Renascimento, pede-se à poesia que seja bela, mas a própria beleza se define pela verdade e sua contribuição ao bem. É fácil nos lembrar dos versos de Boileau: "Nada é mais belo do que o verdadeiro, apenas o verdadeiro é amável." Essas fórmulas são indubitavelmente percebidas como insuficientes, mas, em vez de rejeitá-las, nos contentamos em acomodá-las às circunstâncias.

Os tempos modernos vêm abalar essa concepção de duas maneiras distintas, ambas ligadas ao novo olhar que incide sobre a progressiva secularização da experiência religiosa e uma concomitante sacralização da arte. A primeira maneira consiste em retomar e revalorizar uma antiga imagem: o artista criador, comparável ao Deus criador, engendra conjuntos coerentes e fechados em si mesmos. O Deus do monoteísmo é um ser infinito que produz um universo finito; ao imitá-lo, o poeta se assemelha ao deus que fabrica objetos finitos (a comparação mais freqüente é feita com Prometeu). Ou ainda, o gênio humano, sublunar, imita o Gênio supremo, origem de nosso mundo. A idéia de imitação é mantida, mas seu lugar não está mais entre a obra, produto finito, e o mundo; ela se situa doravante na ação de se produzir, no primeiro caso, um macrocosmo; no segundo, um microcosmo, mas sem qualquer obrigação de semelhança nos resultados. O que é exigido de cada um é a coerência de sua criação, não uma correspondência qualquer da obra com algo que ela não é.

A idéia da obra como um microcosmo ressurge no início da Renascença italiana, com, por exemplo, o cardeal Nicolau de Cusa, teólogo e filósofo, que escreve em meados do século XV: "O homem é um outro Deus [...] enquanto criador de pensamento e das obras de arte." Leon Battista Alberti, teórico das artes, afirma, por sua vez, que o artista de gênio, "pintando ou esculpindo seres vivos, se distinguia como um outro deus entre os mortais". Dir-se-á paralelamente que Deus é o primeiro dos artistas: "Deus é o poeta supremo, e o mundo é seu poema", afirma Landino, neoplatônico florentino. Essa imagem se impõe progressivamente nos discursos acerca da arte e serve para a glorificação do criador humano. A partir do século XVIII, ela passa igualmente a orientar o discurso crítico descritivo, graças à influência de uma nova filosofia, a de Leibniz, que introduz as noções de mônada e de mundo possível: o poeta ilustra essas categorias, já que cria um mundo paralelo ao mundo físico existente, um universo tão independente quanto coerente.

A segunda maneira de romper com a visão clássica consiste em dizer que o objetivo da poesia não é nem imitar a natureza nem instruir e agradar, mas produzir o belo. Ora, o belo se caracteriza pelo fato de não conduzir a nada que esteja para além de si mesmo. Essa interpretação da idéia do belo, imposta a partir do século XVIII, é em si mesma uma laicização da idéia de divindade. É nesses termos que, ao fim do século IV, Santo Agostinho descreve a diferença entre os sentimentos que dedicamos a Deus e aos homens: ao passo que podemos *usar* qualquer coisa ou qualquer ser com vistas a obter um fim que transcenda essa coisa ou esse ser, a Deus apenas devemos nos contentar em *fruir*, isto é, temos de amá-lo em si mesmo. Deve-se dizer que, ao trazer a distinção agostiniana entre usar e fruir para o campo profano das atividades puramente humanas, os teóricos do século XVIII promovem tão-somente a inversão do gesto do próprio Agostinho, que transpunha as categorias platônicas para o domínio religioso. É Platão quem define o bem supremo como aquilo que basta a si mesmo: aquele que é animado por esse bem supremo possui, "de maneira plena e inteira, a mais acabada suficiência" e, desse modo, "não necessita de mais nada".[4] É também Platão quem convida à contemplação desinteressada das idéias, e é igualmente a ele a quem se recorre, 22 séculos mais tarde, para reivindicar tal interpretação do belo. Não é mais o criador que, em sua liberdade, se aproxima de Deus; é a obra em sua perfeição.

A Literatura em Perigo

Resultado dessas mutações: nos séculos XVII e XVIII, a contemplação estética, o juízo de gosto e o sentido do belo serão instituídos como entidades autônomas. Não que os homens das épocas anteriores não tivessem sido sensíveis tanto à beleza da natureza quanto à das obras de arte; antes, porém — a menos que se situassem na perspectiva platônica na qual o belo se confunde com o verdadeiro e o bem —, essas experiências constituíam apenas uma faceta de uma atividade cuja finalidade principal está em outro lugar. O camponês pode admirar a bela forma de seu instrumento agrícola, mas esse instrumento deve ser antes de tudo eficaz. O nobre aprecia a decoração de seus palácios, mas o que ele quer em primeiro lugar é que essa decoração ilustre seu nível social a seus visitantes. O fiel se encanta com a música que escuta na igreja, assim como com a visão das imagens de Deus e dos santos, mas essas harmonias e representações são postas a serviço da fé. Reconhecer uma dimensão estética em todos os tipos de atividades e de produção é uma característica humana universal. O fato novo, surgido na Europa do século XVIII, será o de isolar esse aspecto secundário de múltiplas atividades, instituindo-o como encarnação de uma única atitude, a contemplação do belo, atitude ainda mais admirável por tomar seus atributos de empréstimo ao amor de Deus. Como conseqüência, pedir-se-á aos artistas que produzam objetos que lhe sejam exclusivamente destinados. Essa nova perspectiva será elaborada nos escritos de Shaftesbury e Hutcheson, na Inglaterra; ela levará à criação do próprio termo "estética" (literalmente, "ciência da percepção"), em 1750, num tratado de Alexander Baumgarten dedicado à nova disciplina.

O que há de revolucionário nessa abordagem é que ela conduz ao abandono da perspectiva do criador para adotar a do receptor, que, por sua vez, só tem um único interesse: contemplar belos objetos. Essa mutação tem várias conseqüências. Primeiramente, separa cada "arte" da atividade da qual era apenas um grau superlativo; essa atividade se vê a partir de então devolvida aos domínios, radicalmente diferentes, do artesanato e da técnica. Visto a partir da perspectiva da criação ou da fabricação, o artista é apenas um artesão de melhor qualidade: os dois praticam o mesmo ofício, com um pouco mais ou um pouco menos de talento. Ora, se nos situamos do lado de seus produtos, o artesão se opõe ao artista, pois, se um cria objetos utilitários, o outro cria objetos a serem contemplados apenas pelo prazer estético proporcionado; um obedece a seu interesse, e o outro permanece desinteressado; um se situa sob a lógica do *usar*, e o outro, na do *fruir*; e, por fim, um permanece puramente humano, e o outro se aproxima do divino. Segunda conseqüência: as artes, que até então se ligavam cada uma à sua prática de origem, passam a ser reunidas em torno de uma mesma categoria. Poesia, pintura e música só podem ser unificadas se as situamos na ótica da recepção, correlativa à mesma atitude desinteressada chamada a partir deste momento de estética.

Um termo como "belas-letras" ainda mantém essa conexão com a prática não-artística (existem "letras" que não são "belas"). O mesmo vale para "belas-artes": a lembrança das artes utilitárias, ou mecânicas, ainda é forte. Uma vez adotada a nova perspectiva, o adjetivo "belo" não será mais indispensável, e a expressão se tornará um pleonasmo, já que a "arte" passa a ser definida como aspiração ao belo. Os antigos tratados sobre a arte eram essencialmente manuais de criação, instruções endereçadas ao poeta, ao pintor, ao músico. A partir de então, a preocupação passa a ser a descrição do processo de percepção, a análise do juízo de gosto, a avaliação do valor estético. O ensino de Letras, na França, ilustra essa passagem com cem anos de atraso: ao passo que até meados do século XIX esse ensino era oriundo da retórica (aprende-se como escrever), a partir desse momento é adotada a perspectiva da história literária (aprende-se como ler).

Conseqüência imediata: separadas do contexto de sua criação, as artes exigem o estabelecimento de locais em que possam ser consumidas. Para os quadros, são instalados salões, galerias e museus: o Museu Britânico abre suas portas em 1733, os Uffizi e o Vaticano em 1759, e o Louvre em 1791. A concentração num só local de quadros, destinados originalmente a assumir funções as mais diversas nas igrejas, palácios e residências particulares, os reserva para um único uso: o de serem contemplados e apreciados apenas por seu valor estético. A hierarquia entre sentido e beleza se inverte: o que era desejável (a qualidade de execução) torna-se necessário; o que era necessário (a referência teológica ou mitológica) passa a ser meramente facultativo. A ponto de o cimácio do museu ou da galeria se tornar o que transforma um objeto qualquer em obra de arte: para que seja disparada a percepção estética, basta que o objeto seja exposto num desses lugares. O encadeamento automático entre esse gênero de local e essa forma de percepção impôs-se com evidência desde que Marcel Duchamp colocou seu famoso mictório num lugar destinado às obras de arte: apenas pelo local em que se encontra, ele se tornou obra de arte, ao passo que seu processo de fabricação de modo algum corresponde ao de uma escultura ou de um quadro.

Numa palavra, os dois movimentos que transformam no século XVIII a concepção de arte, isto é, a assimilação do criador a um deus fabricante de microcosmo e a assimilação da obra a um objeto de contemplação, ilustram a progressiva secularização do mundo na Europa ao mesmo tempo em que contribuem para uma nova sacralização da arte. Nesse momento da história, a arte encarna tanto a liberdade do criador quanto a sua soberania, sua auto-suficiência e sua transcendência com relação ao mundo. Cada um dos movimentos consolida o outro: a beleza se define como aquilo que, no plano funcional, não tem fim prático, e também como o que, no plano estrutural, é organizado com o rigor de um cosmo. A ausência de finalidade externa é, de algum modo, compensada pela densidade das finalidades internas, ou seja, pelas relações entre as partes e os elementos da obra. Graças à arte, o ser humano pode atingir o absoluto.

A Estética das Luzes

Quando passamos da perspectiva da produção para a da recepção, aumentamos a distância que separa a obra do mundo do qual fala e sobre o qual age, já que se quer percebê-la a partir de então em si mesma e por si mesma. Essa evolução está por sua vez ligada à profunda mutação pela qual passa a sociedade européia daquela época. O artista deixa progressivamente de produzir suas obras mediante a encomenda de um mecenas, destinando-as então ao público que as adquire: é o público quem passa a ter as chaves de seu sucesso. O que estava reservado a poucos torna-se acessível a todos; o que estava submetido a uma hierarquia rígida, a da Igreja e a do poder civil, põe em pé de igualdade todos os seus consumidores. O espírito das Luzes é o da autonomia do indivíduo; a arte que conquista sua autonomia participa do mesmo movimento. Se o artista se torna a encarnação do indivíduo livre, sua obra também vai se emancipar.

Ao instalarem de forma resoluta as artes sob o regime do belo, os pensadores do século XVIII não procuram, porém, cortar suas relações com o mundo; a arte não se tornou estranha à verdade e ao bem. Nesse aspecto, eles seguem a interpretação platônica: o belo material não é senão a mais superficial manifestação da beleza, que, por sua vez, se refere à beleza das almas e daí à beleza absoluta e eterna, que tanto engloba as práticas humanas cotidianas — ou seja, a moral — quanto a busca pelo conhecimento — ou seja, a verdade. Shaftesbury, primeiro a transpor para a descrição da arte o vocabulário religioso da contemplação e da auto-suficiência, apresenta a arte, entretanto, como um meio para apreender a harmonia do mundo e ascender à sua sabedoria. A partir daí, ele pode afirmar: "O que é belo é harmonioso e proporcional. O que é harmonioso e proporcional é verdadeiro, e o que é ao mesmo tempo belo e verdadeiro é, por conseguinte, agradável e bom."[5] O processo de percepção e a ação dos sentidos não esgotam a experiência dita estética, e menos ainda porque a arte considerada habitualmente como exemplar, a poesia, não é em sua essência relativa à visão nem à audição, mas exige a mobilização do espírito: a beleza da poesia sustenta-se em seu sentido e não pode ser separada de sua verdade.

Esses pensadores não renunciam, portanto, a ler as obras literárias como um discurso sobre o mundo, mas procuram, especialmente, distinguir entre duas vias, a dos poetas e a dos cientistas (ou filósofos), cada uma delas com suas vantagens, sem que uma seja inferior à outra: duas vias que conduzem ao mesmo objetivo, uma melhor compreensão do homem e do mundo, uma sabedoria mais ampla. Um dos primeiros a se dedicar à confrontação desses dois modos de conhecimento é o singular filósofo, historiador e retórico de Nápoles, Giambattista Vico, que distingue entre linguagem racional e linguagem poética. Ele projeta, é verdade, a linguagem poética nas primeiras eras da humanidade, mas concebe também que as duas linguagens sejam simultâneas; elas se opõem entre si do mesmo modo que o universal e o particular: "É impossível ao homem ser ao mesmo tempo poeta e metafísico sublime; a razão poética se opõe a que isso ocorra; de fato, ao passo que a metafísica separa o espírito dos sentidos, a faculdade poética quer, ao contrário, mergulhá-lo neles; ao passo que a metafísica se eleva às idéias universais, a faculdade poética se dedica aos casos particulares", escreve ele em *A Ciência Nova* (1730).[6]

Situar a atividade artística relacionando-a à atividade da filosofia é também uma das principais tarefas a que se dedica Baumgarten nas *Meditações Filosóficas sobre a Poesia* (1735) e na *Estética* (1750). Discípulo de Leibniz, ele concebe o poeta como o criador de um mundo possível entre outros e legitima a perspectiva estética que privilegia a percepção em detrimento da criação. Assim como a ciência, a estética é relativa ao conhecimento, mas (contrariamente ao que sugerem algumas fórmulas) não se trata de um conhecimento inferior: tem as características de um "análogo da razão" e produz o "conhecimento sensível".[7] Esse conhecimento é acessível a todos os homens e não apenas aos filósofos, pois ele nos revela a individualidade de cada coisa. A verdade à qual conduz é, portanto, de natureza diversa daquela das ciências: não é uma verdade que se estabelece apenas entre as palavras e o mundo, mas implica a adesão de seus utilizadores; o nome que lhe convém é o de "verossimilhança", e seu efeito é "produzido pela coerência interna do mundo criado". A abstração apreende o geral ao custo, porém, de um empobrecimento do mundo sensível; a poesia capta sua riqueza, mesmo que as conclusões às quais chega careçam de clareza; o que ela perde em acuidade, ganha em vivacidade.

Lessing, o grande autor do Iluminismo alemão que viria dedicar várias obras à análise das artes, também combina duas teses. Por um lado, o que faz a especificidade da obra de arte é seu anseio de produzir o belo; ora, o belo se define como uma harmonia de seus elementos constitutivos sem submissão a um objetivo exterior. Por outro, a obra participa de um conjunto mais amplo de práticas que têm como objetivo buscar a verdade do mundo e de conduzir os homens em direção à sabedoria. Assim, Lessing escreve no *Laocoonte* (1766): "Gostaria que fosse aplicado o nome de obras de arte apenas àquelas obras em que o artista pode se mostrar como artista, nas quais produzir o belo tenha sido seu primeiro e único anseio. Todas as obras que mostrem traços perceptíveis de convenções religiosas não merecem o nome de obra de arte, porque nesses casos a arte não foi produzida por si própria, não passando de um meio auxiliar da religião, preocupando-se bem mais com a significação do que com a beleza das representações sensíveis que ela proporciona."[8] Nesta passagem, que contém a fórmula "a arte por si mesma", talvez a origem de "a arte pela arte", Lessing identifica a submissão às exigências do belo como traço distintivo da arte. Nem por isso ele renuncia a inscrever a arte no centro das atividades representativas ("essa imitação que é a essência da arte do poeta", ele escreve), chegando a definir a pintura como a arte que "imita" no espaço, ao passo que a poesia "imita" no tempo.

Do mesmo modo, em a *Dramaturgia de Hamburgo* (1767), Lessing compara o trabalho do escritor ao do Criador que fabrica um mundo coerente — mas autônomo, "um mundo em que os fenômenos estariam encadeados em ordem distinta daquela do nosso mundo, mas ao qual não estariam menos estreitamente encadeados"; um mundo em que os incidentes da ação nasçam como necessários em cada personagem, e que as paixões de cada um correspondam exatamente a seu caráter. Nesse sentido, a obra escapa a seu autor, que a escreve como que ditado por suas próprias personagens: sua verdade reside em sua coerência. Longe de Lessing, no entanto, a tentação de ver na obra de arte um jogo de construção que encontrasse seu fim em si mesmo. "Escrever e imitar a partir de um anseio é o que distingue o gênio dos pequenos artistas, que escrevem por escrever e imitam por imitar, que se contentam com o pequeno prazer ligado ao uso de seus talentos e que fazem de seus talentos todo seu anseio." A preocupação em primeiro lugar com o belo é o que distingue arte e não-arte; mas se contentar com esse objetivo ou ter anseio mais elevado é o que separa a pequena da grande arte, a labuta dos gênios: "Nada de grande advém do que não é verdadeiro."[9]

É por essa razão — depois de ter tomado a precaução de lembrar que a verdade poética não é igual à dos cientistas, se aproximando mais da "verossimilhança" aristotélica — que Lessing pode fazer o elogio de seus autores preferidos precisamente pela verdade a que se pode chegar por meio deles. O que faz de Shakespeare um grande dramaturgo é o fato de ele possuir "uma visão profunda sobre a essência do amor": seu *Otelo* é um "manual completo sobre esse triste frenesi" que é o amor. O que Eurípides aprendeu com Sócrates não foi uma doutrina filosófica ou máximas morais, mas a arte de "conhecer os homens e se conhecer a si mesmo; estar atento às nossas sensações; buscar e amar em tudo os caminhos da natureza que sejam os mais retos e os mais curtos; julgar cada coisa segundo seus anseios."[10] E é por essa razão que Eurípides, por sua vez, soube escrever tragédias imortais.

O conjunto dessas noções será retomado e refundido na *Crítica da Faculdade do Juízo*, de Kant (1790), que influenciará toda a reflexão contemporânea sobre a arte, sempre mantendo essa dupla perspectiva; o belo é desinteressado, ao mesmo tempo em que é um símbolo da moralidade. O belo não pode ser estabelecido objetivamente, uma vez que provém de um juízo de gosto e reside, portanto, na subjetividade dos leitores ou espectadores; mas ele pode ser reconhecido pela harmonia dos elementos da obra e tornar-se objeto de consenso.

Encontramos um testemunho do impacto imediato dessas idéias no diário íntimo de Benjamin Constant, que, acompanhado por Germaine de Staël, passa alguns dias do início do ano de 1804 em Weimar. Em 11 de fevereiro, ele anota: "Jantar com Robinson, aluno de Schelling. Seu trabalho sobre a estética de Kant. Idéias muito engenhosas. A arte pela arte, e sem objetivo; todo objetivo desnatura a arte. Mas a arte atinge o objetivo que não tem." É a primeira ocorrência conhecida em francês da expressão "a arte pela arte"; mas logo se vê que é necessário distinguir entre vários tipos de "objetivo": aquele que o artista dá previamente a si mesmo, com a intenção de se tornar ilustre (equivalente aos objetivos da educação religiosa, recusada por Lessing) e aquele inerente a toda obra de arte, em especial às superiores (as obras dos gênios, que Lessing opunha aos pequenos artistas). Ao escrever sobre a tragédia, um quarto de século mais tarde, Constant tornará seu pensamento mais preciso: "A paixão impregnada de doutrina, e servindo a desdobramentos filosóficos, é um contra-senso do ponto de vista artístico", mas isso não significa que a obra não venha a agir sobre o espírito de seu leitor: "A instrução não será o objetivo, mas o efeito do quadro."[11]

Inimigo do didatismo na literatura, Constant não a considera, no entanto, como separada do mundo: não somos obrigados a escolher entre esses dois extremos. Ele situa a prática literária no cerne dos outros discursos públicos, como deixa claro esta passagem datada de 1807: "A literatura refere-se a tudo. Não pode ser separada da política, da religião, da moral. É a expressão das opiniões dos homens sobre cada uma das coisas. Como tudo na natureza, ela é ao mesmo tempo efeito e causa. Imaginá-la como fenômeno isolado é não imaginá-la."[12] Por conseguinte, "poesia pura" não existe: toda poesia é necessariamente "impura", pois necessita de idéias e valores; ora, tanto um quanto outro não lhe pertencem propriamente. Nisso, Constant permanece fiel às idéias de sua companheira Germaine de Staël, que, em 1800, publicou uma obra intitulada, significativamente, *Da Literatura Considerada em Suas Relações com as Instituições Sociais*. Nesse livro, ele considera a noção de literatura "na acepção mais ampla, isto é, abrangendo em si os escritos filosóficos e as obras de imaginação, enfim, tudo que concerne ao exercício do pensamento na forma de escritos, excetuando-se as ciências físicas."[13] Literatura de imaginação e escritos científicos ou filosóficos são distintos, mas dentro de um gênero comum; uns e outros dependem do mundo e agem sobre ele, contribuindo para a criação de uma sociedade imaginária habitada pelos autores do passado e os leitores do porvir.

Do Romantismo às vanguardas

Toda a estética dos iluministas, encarnada em diversos graus por Shaftesbury, Vico, Baumgarten, Lessing, Kant, Germaine de Staël ou Benjamin Constant, teve êxito em manter esse equilíbrio instável: por um lado, diversamente das teorias clássicas, ela desloca o centro da gravidade da imitação à beleza, afirmando a autonomia da obra de arte; por outro, essa estética nunca ignora a relação que liga as obras ao real: elas ajudam a conhecê-lo e agem reciprocamente sobre ele. A arte continua a pertencer ao mundo comum dos homens. A esse respeito, a estética romântica imposta a partir do início do século XIX não introduz qualquer ruptura notável. Aos olhos dos primeiros românticos — sempre próximos de Germaine de Staël e de Constant: os irmãos Schlegel, Schelling, Novalis —, a arte continua a ser um conhecimento do mundo. Se novidade há, essa está no juízo de valor que eles atribuem aos diferentes modos de conhecimento. Aquele ao qual se ascende através da arte parece-lhes superior ao da ciência: por renunciar aos procedimentos comuns da razão e tomar o caminho do êxtase, esse conhecimento dá assim acesso a uma segunda realidade, proibida aos sentidos e ao intelecto, mais essencial ou mais profunda do que a primeira. Deve ser lembrado, no entanto, que é nesse mesmo momento que o prestígio da ciência começa a crescer vertiginosamente; é sem surpresa que se vê a reivindicação romântica não encontrar nenhum eco favorável na sociedade contemporânea.

A própria doutrina da "arte pela arte", que se desenvolve então na Europa como resposta às idéias provenientes da Alemanha, não deve ser tomada em sentido literal. Poder-se-ia crer, por exemplo, que Baudelaire — que toma para si o papel de porta-voz dessa tendência na segunda metade do século — se recuse a considerar a poesia como caminho para o conhecimento do mundo, já que declara: "A poesia (...) não tem como objeto a verdade, ela não tem senão a Si mesma. Os modos de demonstração de verdade são outros e estão em outro lugar. A Verdade não tem nada a fazer com as canções."[14]

No entanto, tal não é o sentido profundo do compromisso de Baudelaire. O que ele quer é ser poeta; mas, para ele, ser poeta é uma missão que implica "altos deveres". Se a poesia não deve se submeter à procura da verdade e do bem, é porque ela é em si mensageira de uma verdade e de um

A Literatura em Perigo

bem superiores àqueles que podemos encontrar fora dela. Baudelaire permanece fiel a Kant ao afirmar (numa carta a Toussenel): "A *imaginação* é a mais *científica* das faculdades, porque apenas ela pode compreender *a analogia universal*", ou quando escreve: "A imaginação é a rainha do verdadeiro". A obra do artista participa do conhecimento do mundo. É por essa razão que Baudelaire aplaude sua capacidade de "conhecer os aspectos da natureza e as situações do homem." É também por isso que ele exige que seus contemporâneos, pintores e poetas, sejam "modernos", que eles nos mostrem poéticos "em nossas gravatas e nossas botas envernizadas"; e ele próprio anseia realizar esse programa em suas obras poéticas. Essa procura da verdade não explica tudo de um poema (há também as "exigências de monotonia, de simetria e de surpresa"),[15] mas ela é irredutível e, aos olhos do próprio Baudelaire, primordial.

Se os poetas têm verdadeiramente como missão revelar aos homens as leis secretas do mundo, não se pode mais dizer que a verdade não tem nada a ver com suas canções. Nem por isso Baudelaire se contradiz. A arte e a poesia se referem à verdade, mas a verdade da arte não tem a mesma natureza que aquela aspirada pela ciência. Baudelaire pensa numa de suas verdades quando ele a reivindica, e em outra quando a recusa. A ciência enuncia proposições as quais descobrimos serem verdadeiras ou falsas quando confrontadas aos fatos que procuram descrever. O enunciado "Baudelaire escreveu *As Flores do Mal*" é verdadeiro nesse sentido, da mesma forma que "a água entra em ebulição a cem graus", mesmo sabendo que há também as diferenças lógicas entre essas duas proposições. Trata-se aqui de uma *verdade de correspondência* ou de adequação. Quando, ao contrário, Baudelaire diz que "o Poeta é semelhante ao príncipe das alturas", ou seja, ao albatroz, é impossível proceder a uma verificação. Porém, Baudelaire não diz uma tolice, pois o que ele procura é nos revelar a identidade do poeta; desta vez, ele aspira a uma *verdade de desvelamento*, tentando pôr em evidência a natureza de um ser, de uma situação, de um mundo. Em cada uma dessas situações, uma relação se estabelece entre as palavras e o mundo, mas as duas verdades não se confundem. Em outro momento, Baudelaire indica um meio para distinguir os dois tipos de conhecimento, descrevendo o trabalho do artista: "Não se trata para ele de copiar, mas de interpretar numa linguagem mais simples e mais luminosa." Da mesma maneira, ele dirá que o poeta não é senão "um tradutor, um decifrador".[16] A diferença se situaria, portanto, entre copiar (ou descrever) e interpretar.

A partir daí, pode-se concluir que não somente a arte conduz ao conhecimento do mundo, mas que ao mesmo tempo revela a existência dessa verdade cuja natureza é diversa. Na realidade, essa verdade não lhe pertence exclusivamente, já que constitui o horizonte dos outros discursos interpretativos: história, ciências humanas, filosofia. A própria beleza não é uma noção nem objetiva (que possa ser estabelecida a partir de indícios materiais) nem subjetiva, ou seja, que dependa do juízo arbitrário de cada um; ela é intersubjetiva, pertencente, portanto, à comunidade humana. Ora, a beleza de um texto literário não é outra coisa senão sua verdade. Esse já era o sentido do famoso verso de Keats: "Beauty is Truth, Truth is Beauty."

O mesmo vale para os outros representantes da doutrina da "arte pela arte". Flaubert, que defende com obstinação a autonomia da literatura, não deixa de lembrar, ao mesmo tempo, sua paixão pelo conhecimento do mundo, posto a serviço da criação; nem de dizer que a verdade de uma obra é indissociável de sua perfeição. "É por isso que a arte é a própria Verdade."[17] Oscar Wilde, o mais exuberante porta-voz dessa doutrina na literatura em língua inglesa, multiplica fórmulas peremptórias sobre a autonomia da arte; porém, ao afirmar que "a vida imita a arte muito mais do que a arte imita a vida", ele não pretende de modo algum negar a relação entre as duas. A arte interpreta o mundo e dá forma ao informe, de modo que, ao sermos educados pela arte, descobrimos facetas ignoradas dos objetos e dos seres que nos cercam. Turner não inventou o *fog* londrino, mas foi o primeiro a tê-lo percebido em si e a tê-lo mostrado em seus quadros — de algum modo, ele nos abriu os olhos. O mesmo acontece na literatura: Balzac "cria" mais suas personagens do que as descobre, mas, uma vez criadas, elas se introduzem na sociedade contemporânea e, a partir daí, não cessamos de cruzar com elas pelas ruas. A vida em si é "terrivelmente desprovida de forma". Dessa ausência, resulta o papel da arte: "A função da literatura é criar, partindo do material bruto da existência real, um mundo novo que será mais maravilhoso, mais durável e mais verdadeiro do que o mundo visto pelos olhos do vulgo."[18] Ora, criar um mundo mais verdadeiro implica que a arte não rompe sua relação com o mundo.

É apenas no começo do século XX que se produz a ruptura decisiva. Ela se deve, por um lado, ao impacto das teses radicais de Nietzsche, que questionam a própria existência tanto dos fatos independentes de suas interpretações quanto a da verdade, qualquer que ela seja. A partir desse momento, não apenas a pretensão da literatura ao conhecimento não deixa de ser legítima, mas também os discursos da filosofia e da ciência se vêem marcados pela mesma suspeita. Essa nova atitude relativa à arte vai simultaneamente ao encontro do extremismo de alguns autores do século XVIII, que não tinham sido seguidos por seus contemporâneos. É o caso de Winckelmann, que declarava: "O objetivo da verdadeira arte não é a imitação da natureza, mas a criação da beleza", o que excluía assim toda dimensão cognitiva da obra. Do mesmo modo, quando Karl Philipp Moritz escreve: "Na medida em que um corpo é belo, ele não deve significar nada, nem dizer nada que lhe seja *exterior*; ele deve falar, com ajuda de suas superfícies exteriores, apenas de si mesmo, de seu ser interior;

ele deve se tornar significante por si",[19] e que, ao mesmo tempo, ele define a obra de arte por sua submissão exclusiva às exigências do belo, ele elimina toda questão referente à relação que essa obra mantém com o mundo.

Com esse procedimento, os teóricos recaem no monismo característico da estética clássica, que desejava tudo explicar a partir de um só princípio, a imitação, salvo que o princípio único novo se chama beleza. A complexidade vislumbrada nos séculos XVIII e XIX perde-se mais uma vez, e essa perda se traduz de imediato no campo da própria literatura, no qual se produz uma ruptura desconhecida até então. Desse momento em diante, cava-se um abismo entre a literatura de massa, produção popular em conexão direta com a vida cotidiana de seus leitores, e a literatura de elite, lida pelos profissionais — críticos, professores e escritores — que se interessam somente pelas proezas técnicas de seus criadores. De um lado, o sucesso comercial; do outro, as qualidades puramente artísticas. Tudo se passa como se a incompatibilidade entre as duas fosse evidente por si só, a ponto de a acolhida favorável reservada a um livro por um grande número de leitores tornar-se o sinal de seu fracasso no plano da arte, o que provoca o desprezo ou o silêncio da crítica. Parece findar-se assim a época em que a literatura sabia encarnar um equilíbrio sutil entre a representação do mundo comum e a perfeição da construção romanesca.

É nos movimentos ditos "de vanguarda" do início do século XX (que representam uma subespécie do que identificamos como "arte moderna") que vem ao mundo a nova concepção. Esses movimentos se manifestam pela primeira vez na Rússia, por volta de 1910: trata-se do início da abstração na pintura e das invenções futuristas na poesia. Pede-se à pintura que ela esqueça o mundo material e que só obedeça às suas próprias leis — e ela o faz. O pintor Mikhail Larionov, criador do "raionismo", escreve num manifesto de 1913: "Os objetos que vemos na vida não têm nenhum papel no quadro raionista. Contrariamente, a atenção é atraída por aquilo que é a própria essência da pintura: as combinações de cores, suas concentrações (...). Assistimos aqui ao início da verdadeira libertação da pintura, de sua vida que passa a se referir unicamente às suas próprias leis, da pintura como objeto de si, tendo suas próprias formas, cores e timbres." Em 1916, Kasimir Malevitch, fundador do "suprematismo", declara, por sua vez, que é preciso considerar "a pintura como uma ação que tem o seu objetivo próprio".

Os quadros abstratos de Kandinsky, é verdade, mantêm uma relação com o mundo, já que as formas dentro do quadro designam as categorias do espírito; do mesmo modo, os quadrados, os círculos e as cruzes de Malevitch visam, uma vez afastadas as aparências "enganosas" que se oferecem ao olhar, revelar a verdadeira ordem cósmica. Como conseqüência, o mundo fenomenal, o mundo acessível aos olhos de todos, deixa de ser levado em consideração. No mesmo momento, os "ready-made" de Duchamp tornam vã toda procura por sentido e verdade. Na poesia, os futuristas desejam emancipar a linguagem de sua ligação com o real e, portanto, com os sentidos, criando uma língua "transmental". Velimir Khlebnikov defende o "verbo autônomo," "a palavra como tal", inclusive "a letra como tal". Benedikt Livchits escreve em seu artigo "A libertação da palavra" (1913): "Nossa poesia (...) não se coloca absolutamente em nenhuma relação com o mundo."[20] A intersubjetividade, que repousa na existência de um mundo comum e de um sentido comum, dá lugar à pura manifestação do indivíduo.

A carnificina da Primeira Guerra Mundial e suas conseqüências políticas exerceram dupla influência tanto sobre as práticas artísticas quanto sobre os discursos teóricos decorrentes. Nos regimes totalitários instalados no pós-guerra, na Rússia, na Itália e mais tarde na Alemanha, mas também, mais marginalmente, em outros países europeus, há a preocupação de colocar a arte a serviço de um projeto utópico, o da fabricação de uma sociedade inteiramente nova e de um homem novo. O realismo socialista, a arte do "povo" e a literatura de propaganda ideológica exigem a manutenção de uma relação de força com a realidade circundante e, sobretudo, também impõem a submissão aos objetivos políticos do momento, o que se mostra diametralmente oposto a toda proclamação de autonomia artística e a toda procura solitária do belo. A arte deve, como exige a estética clássica, agradar (um pouco), mas, sobretudo, instruir. Muitos artistas virão responder com tanto entusiasmo e com tanta adesão a essa questão, que eles próprios passarão a chamá-la de a revolução dos seus anseios.

Ao mesmo tempo, mas em locais onde reina a liberdade de expressão, inicia-se um combate a essa usurpação da autonomia do indivíduo, afirmando-se que a arte e a literatura não mantêm nenhuma ligação significativa com o mundo. Tal é o pressuposto comum dos Formalistas russos (combatidos e logo reprimidos pelo regime bolchevique), dos especialistas em estudos estilísticos ou "morfológicos" na Alemanha, dos discípulos de Mallarmé na França e dos seguidores do *New Criticism* nos Estados Unidos. Tudo se passa como se a recusa em ver a arte e a literatura subjugadas à ideologia acarretasse necessariamente a ruptura definitiva entre a literatura e o pensamento; como se a rejeição das teorias marxistas do "reflexo" exigisse o desaparecimento de toda relação entre a obra e o mundo. Ao utopismo de uns corresponde o formalismo dos outros; além disso, uns e outros amam apresentar seus adversários como única alternativa ao seu próprio ponto de vista. E esse formalismo já traz consigo um niilismo, alimentado pela visão dos desastres que marcam a história européia do século passado.

Eis-nos de volta ao presente. As sociedades ocidentais do fim do século XX e início do século XXI se caracterizam pela coexistência mais ou menos pacífica de ideologias diferentes, e logo também de concepções concorrentes da arte. Encontram-se sempre aí os partidários do utopismo, assim como todos os fiéis à estética humana do Iluminismo. Permanece o fato de que, ao mesmo tempo em que reclamam para si a contestação e a subversão, pelo menos na França, os representantes da tríade formalismo-niilismo-solipsismo ocupam posições ideologicamente dominantes. Eles são majoritários nas redações dos jornais literários, entre os diretores dos teatros subvencionados pelo Estado ou nos museus. Para eles, a relação aparente das obras com o mundo é apenas um engodo. Se for organizada a exposição de um artista figurativo (tal como Bonnard), deve-se alertar o público ingênuo: "A demonstração visa aqui — afirma o catálogo de sua exposição, em 2006 — revelar, em primeiro lugar, seu tema verdadeiro, a pintura, para além dos temas-pretextos." Admitindo-se que uma obra fala do mundo, exige-se dela, em todo caso, que elimine os "bons sentimentos" e nos revele o horror definitivo da vida, sem o qual ela se arrisca a parecer "insuportavelmente ingênua". Ou, ainda pior, que ela se pareça com a literatura "popular", aquela cuja reputação é feita muito mais pelos leitores do que pelos críticos. É verdade que alguns autores conseguem se impor à atenção geral mesmo não correspondendo a esse modelo; do mesmo modo, ainda me atendo à França, os livros provenientes do exterior, e em particular de continentes não-europeus, não participam desse espírito. Permanece o fato de que a forte presença dessa concepção à francesa nas instituições, na mídia e no ensino produz uma imagem singularmente empobrecida da arte e da literatura.

O QUE PODE A LITERATURA?

Em sua *Autobiografia*, publicada logo após a sua morte, em 1873, John Stuart Mill narra a intensa depressão da qual foi vítima aos 20 anos. Ele se torna "insensível a toda alegria, assim como a toda sensação agradável, num desses mal-estares em que tudo o que em outras ocasiões proporciona prazer se torna insípido e indiferente". Todos os remédios que experimenta se mostram ineficazes, e sua melancolia se instala de forma contínua. Ele continua a cumprir mecanicamente os gestos habituais, mas sem nada sentir. Esse estado doloroso se prolonga por dois anos. Depois, pouco a pouco, se dissipa. Um livro que Mill lê por acaso naquele momento tem papel particular em sua cura: trata-se de uma coletânea de poemas de Wordsworth. Mill encontra no livro a expressão de seus próprios sentimentos sublimados pela beleza dos versos. "Eles me pareceram ser a fonte na qual eu podia buscar a alegria interior, os prazeres da simpatia e da imaginação que todos os seres humanos podem compartilhar [...]. Eu precisava que me fizessem sentir que há na contemplação tranqüila das belezas da natureza uma felicidade verdadeira e permanente. Wordsworth me ensinou tudo isso não somente sem me desviar da consideração dos sentimentos cotidianos e do destino comum da humanidade, mas também duplicando o interesse que eu trazia por eles."[21]

Aproximadamente 120 anos mais tarde, uma mulher ainda jovem se encontra numa prisão de Paris, presa por ter conspirado contra o invasor alemão. Charlotte Delbo está sozinha em sua cela; submetida ao regime de "Noites e nevoeiro",* ela não tem acesso à leitura. Mas a detenta da cela de baixo pode retirar livros da biblioteca. Então, Delbo tece uma corda com fios retirados do seu cobertor e faz subir um livro pela janela. A partir desse momento, Fabrice del Dongo** passa a ser seu companheiro de cela. Apesar de não

---

* Referência ao documentário de Alain Resnais, *Nuit et Brouillard* (1955), primeiro a abordar e mostrar ao mundo os horrores dos campos de concentração nazistas. O documentário é escrito e narrado pelo poeta e romancista Jean Cayrol, autor do livro *Poèmes de la nuit et du brouillard* (1945). A expressão "noite e nevoeiro" é retirada do decreto alemão Nacht und Nebel, que determinava o encarceramento em locais secretos dos acusados de conspirar contra o regime nazista. (N.T.)

** Fabrice del Dongo é o herói do romance *A Cartuxa de Parma* (1839), de Stendhal. (N.T.)

falar muito, ele permite que ela interrompa sua solidão. Alguns meses mais tarde, no vagão de animais que a conduz a Auschwitz, Dongo desaparece, mas Charlotte ouve uma outra voz, a do Alceste, o misantropo,* que lhe explica em que consiste o inferno para o qual ela se dirige e lhe mostra o exemplo da solidariedade. No campo, outros heróis sedentos do absoluto lhe fazem visita: Electra, Don Juan, Antígona. Uma eternidade mais tarde, de volta à França, Delbo sofre para voltar à vida: a luz cegante de Auschwitz varreu toda ilusão, proibiu toda imaginação, declarou falsos os rostos e os livros... até o dia em que Alceste retorna e a arrebata com sua palavra. Em face do extremo, Charlotte Delbo descobre que as personagens dos livros podem se tornar companheiras confiáveis. "As criaturas do poeta", ela escreve, "são mais verdadeiras que as criaturas de carne e osso, porque são inesgotáveis. É por essa razão que elas são minhas amigas, minhas companheiras, aquelas graças às quais estamos ligados a outros seres humanos, na cadeia dos seres e na cadeia da história."[22]

Não vivi nada tão dramático quanto Charlotte Delbo, tampouco conheci as agruras da depressão descritas por John Stuart Mill; no entanto, não posso dispensar as palavras dos poetas, as narrativas dos romancistas. Elas me permitem dar

---

* Alceste é personagem da peça *O Misantropo* (1666), de Molière. (N.T.)

forma aos sentimentos que experimento, ordenar o fluxo de pequenos eventos que constituem minha vida. Elas me fazem sonhar, tremer de inquietude ou me desesperar. Quando estou mergulhado em desgosto, a única coisa que consigo ler é a prosa incandescente de Marina Tsvetaeva; todo o restante me parece insípido. Outro dia, descubro uma dimensão da vida somente pressentida antes e, porém, a reconheço imediatamente como verdadeira: vejo Nastassia Philipovna através dos olhos do príncipe Míchkin, "o idiota" de Dostoievski, ando com ele nas ruas desertas de São Petersburgo, impulsionado pela febre de um iminente ataque de epilepsia. E não posso me impedir de me perguntar: por que Míchkin, o melhor dos homens, aquele que ama aos outros mais do que a si mesmo, deve terminar sua existência reduzido à debilidade, enclausurado em um asilo psiquiátrico?

A literatura pode muito. Ela pode nos estender a mão quando estamos profundamente deprimidos, nos tornar ainda mais próximos dos outros seres humanos que nos cercam, nos fazer compreender melhor o mundo e nos ajudar a viver. Não que ela seja, antes de tudo, uma técnica de cuidados para com a alma; porém, revelação do mundo, ela pode também, em seu percurso, nos transformar a cada um de nós a partir de dentro. A literatura tem um papel vital a cumprir; mas por isso é preciso tomá-la no sentido amplo e intenso que prevaleceu na Europa até fins do século XIX e que hoje é marginalizado, quando triunfa uma concepção absurdamente reduzida do literário. O leitor comum, que continua a procurar nas obras que lê aquilo que pode dar sentido à sua vida, tem razão contra professores, críticos e escritores que lhe dizem que a literatura só fala de si mesma ou que apenas pode ensinar o desespero. Se esse leitor não tivesse razão, a leitura estaria condenada a desaparecer num curto prazo.

Como a filosofia e as ciências humanas, a literatura é pensamento e conhecimento do mundo psíquico e social em que vivemos. A realidade que a literatura aspira compreender é, simplesmente (mas, ao mesmo tempo, nada é assim tão complexo), a experiência humana. Nesse sentido, pode-se dizer que Dante ou Cervantes nos ensinam tanto sobre a condição humana quanto os maiores sociólogos e psicólogos e que não há incompatibilidade entre o primeiro saber e o segundo. Tal é o "gênero comum" da literatura; mas ela tem também "diferenças específicas". Vimos anteriormente que os pensadores da época do Iluminismo assim como os do período romântico tentaram identificá-las; retomemos suas sugestões — completando-as com outras.

Uma primeira distinção separa o particular e o geral, o individual e o universal. Seja pelo monólogo poético ou pela narrativa, a literatura faz viver as experiências singulares; já a filosofia maneja conceitos. Uma preserva a riqueza e a diversidade do vivido, e a outra favorece a abstração, o que lhe permite formular leis gerais. É o que faz com que um texto seja absorvido com maior ou menor grau de dificuldade.

O Idiota, de Dostoievski, pode ser lido e compreendido por inúmeros leitores, provenientes de épocas e culturas muito diferentes; um comentário filosófico sobre o mesmo romance ou a mesma temática seria acessível apenas à minoria habituada a freqüentar esse tipo de texto. Entretanto, para aqueles que os compreendem, os propósitos dos filósofos têm a vantagem de apresentar proposições inequívocas, ao passo que as metáforas do poeta e as peripécias vividas pelas personagens do romance ensejam múltiplas interpretações.

Ao dar forma a um objeto, um acontecimento ou um caráter, o escritor não faz a imposição de uma tese, mas incita o leitor a formulá-la: em vez de impor, ele propõe, deixando, portanto, seu leitor livre ao mesmo tempo em que o incita a se tornar mais ativo. Lançando mão do uso evocativo das palavras, do recurso às histórias, aos exemplos e aos casos singulares, a obra literária produz um tremor de sentidos, abala nosso aparelho de interpretação simbólica, desperta nossa capacidade de associação e provoca um movimento cujas ondas de choque prosseguem por muito tempo depois do contato inicial. A verdade dos poetas ou a de outros intérpretes do mundo não pode pretender ter o mesmo prestígio que a verdade da ciência, uma vez que, para ser confirmada, precisa da aprovação de numerosos seres humanos, presentes e futuros; de fato, o consenso público é o único meio de legitimar a passagem entre, digamos, "gosto dessa obra" e "essa obra diz a verdade". Ao contrário, o discurso do cientista — que aspira alcançar uma verdade de correspondência e se apresenta como uma afirmação — pode ser submetido de imediato a uma verificação, pois será refutado ou (provisoriamente) confirmado. Não precisamos esperar por séculos e interrogar leitores de todos os países para saber se o autor diz ou não a verdade. Os argumentos relacionados logo suscitam contra-argumentos: inicia-se um debate racional em lugar de se ceder à admiração e ao devaneio. O leitor do texto científico se arrisca menos a confundir sedução e exatidão.

A todo momento, um membro de uma sociedade está imerso num conjunto de discursos que se apresentam a ele como evidências, dogmas aos quais ele deveria aderir. São os lugares-comuns de uma época, as idéias preconcebidas que compõem a opinião pública, os hábitos de pensamento, as banalidades e os estereótipos, aos quais podemos também chamar de "ideologia dominante", preconceitos ou clichês. Desde a época do Iluminismo, pensamos que a vocação do ser humano exige que ele aprenda a pensar por si mesmo, em lugar de se contentar com as visões do mundo previamente prontas, encontradas ao seu redor. Mas como chegar lá? No *Emílio*, Rosseau usa a expressão "educação negativa" para designar esse processo de aprendizagem, sugerindo que se mantenha o adolescente longe de livros, a fim de afastá-lo de toda a tentação de imitar a opinião de outrem. Pode-se, entretanto, raciocinar de maneira distinta, já que os preconceitos, sobretudo os atuais, não precisam de livros para se instalarem de forma permanente no espírito dos jovens: a televisão já passou por lá! Os livros dos quais ele se apropria poderiam ajudá-lo a deixar as falsas evidências e libertar seu espírito. A literatura tem um papel particular a cumprir nesse caso: diferentemente dos discursos religiosos, morais ou políticos, ela não formula um sistema de preceitos; por essa razão, escapa às censuras que se exercem sobre as teses formuladas de forma literal. As verdades desagradáveis — tanto para o gênero humano ao qual pertencemos quanto para nós mesmos — têm mais chances de ganhar voz e ser ouvidas numa obra literária do que numa obra filosófica ou científica.

Num estudo recente,[23] o filósofo americano Richard Rorty propôs caracterizar diversamente a contribuição da literatura para a nossa compreensão do mundo. Ele recusa o uso de termos como "verdade" ou "conhecimento" para descrever essa contribuição, afirmando que a literatura faz menos remediar nossa ignorância do que nos curar de nosso "egotismo", termo entendido como uma ilusão de auto-suficiência. A leitura de romances, segundo ele, tem menos a ver com a leitura de obras científicas, filosóficas ou políticas do que com outro tipo bem distinto de experiência: a do encontro com outros indivíduos. Conhecer novas personagens é como encontrar novas pessoas, com a diferença de que podemos descobri-las interiormente de imediato, pois cada ação tem o ponto de vista do seu autor. Quanto menos essas personagens se parecem conosco, mais elas ampliam nosso horizonte, enriquecendo assim nosso universo. Essa amplitude interior (semelhante sob certos aspectos àquela que nos proporciona a pintura figurativa) não se formula com o auxílio de proposições abstratas, e é por isso que temos tanta dificuldade em descrevê-la; ela representa, antes, a inclusão na nossa consciência de novas maneiras de ser, ao lado daquelas que já possuímos. Essa aprendizagem não muda o conteúdo do nosso espírito, mas sim o próprio espírito de quem recebe esse conteúdo; muda mais o aparelho perceptivo do que as coisas percebidas. O que o romance nos dá não é um novo saber, mas uma nova capacidade de comunicação com seres diferentes de nós; nesse sentido, eles participam mais da moral do que da ciência. O horizonte último dessa experiência não é a verdade, mas o amor, forma suprema da ligação humana.

Será mesmo necessário descrever a compreensão ampliada do mundo humano, à qual ascendemos mediante a leitura de um romance, como a correção de nosso egocentrismo, assim como o deseja a descrição sugestiva de Rorty? Ou então como a descoberta de uma nova verdade de desvelamento, verdade necessariamente partilhada por outros homens? A questão terminológica não me parece ser de suma importância, desde que se aceite a forte relação estabelecida entre o mundo e a literatura, assim como a contribuição específica do discurso literário relativamente ao discurso abstrato. Aliás, como bem observa Rorty, a fronteira separa o texto de argumentação não do texto de imaginação, mas de todo discurso narrativo, seja ele fictício ou verídico, desde que descreva um universo humano particular diverso daquele do sujeito: nessa perspectiva, o historiador, o etnógrafo e o jornalista se vêem ao lado do romancista. Todos participam do que Kant, no famoso capítulo da *Crítica da Faculdade do Juízo*, considerava como um passo obrigatório no caminho para o "senso comum", ou seja, para nossa própria humanidade: "Pensar colocando-se no lugar de todo e qualquer ser humano."[24] Pensar e sentir adotando o ponto de vista dos outros, pessoas reais ou personagens literárias, é o único meio de tender à universalidade e nos permite cumprir nossa vocação. É por isso que devemos encorajar a leitura por todos os meios — inclusive a dos livros que o crítico profissional considera com condescendência, se não com desprezo, desde *Os Três Mosqueteiros* até *Harry Potter*: não apenas esses romances populares levaram ao hábito da leitura milhões de adolescentes, mas, sobretudo, lhes possibilitaram a construção de uma primeira imagem coerente do mundo, que, podemos nos assegurar, as leituras posteriores se encarregarão de tornar mais complexas e nuançadas.

UMA COMUNICAÇÃO INESGOTÁVEL

O horizonte no qual se inscreve a obra literária é a verdade comum do desvelamento ou, se preferirmos, o universo ampliado ao qual se chega por ocasião do encontro com um texto narrativo ou poético. Ser verídico, nesse sentido da palavra, é a única exigência legítima que se pode fazer à literatura; mas, como notou Rorty, essa verdade está fortemente associada à nossa educação moral. Gostaria de retornar aqui, pela última vez, a uma página da história literária e reler uma importante correspondência que versou sobre as relações entre literatura, verdade e moral, as cartas trocadas entre George Sand e Gustave Flaubert. Os dois escritores são bons amigos e se tratam mutuamente com grande afeição e profundo respeito; entretanto, ambos sabem também que não partilham da mesma concepção da literatura. Ao final de 1875 e início de 1876, apenas alguns meses antes da morte de Sand, eles trocaram várias cartas notáveis a esse respeito, nas quais tentam detalhar a natureza do seu desacordo.

Uma leitura superficial poderia fazer crer que Sand pede à literatura que ela se submeta à moral, ao passo que Flaubert reclama para a obra literária somente uma relação com a verdade. E é exato que algumas das fórmulas de Sand a levam a assumir essa inclinação, pois a mostram essencialmente preocupada com o efeito que suas obras produzem no leitor: "Você provoca *desolação*, e eu *consolação*", diz ela, já que Flaubert torna as pessoas que o lêem mais tristes, enquanto ela preferia que seus leitores fossem menos infelizes. A esse argumento Flaubert responde que seu único objetivo é a verdade: "Sempre me esforcei para atingir a alma das coisas." Se o desacordo entre os dois permanecesse nesse ponto, haveria aí pouco interesse, e seríamos tentados a dar razão a Flaubert: o leitor de hoje não crê, e tampouco Flaubert acreditava, que a função primeira da literatura seja a de enxugar lágrimas. Mas Sand ultrapassa rapidamente esse ponto de partida para centrar o debate em dois temas mais essenciais: o lugar do escritor na sua própria obra e a natureza da verdade à qual ele ascende.

Sand lamenta que Flaubert não se mostre mais nos seus escritos; ora, este fez de sua não-intervenção no romance um princípio que não sofre qualquer exceção. Mas Sand retorna ao ataque: de fato, não é sua ausência da obra que ela censura — aliás, ela acredita que essa ausência é impossível, pois não se pode separar a coisa vista da visão subjetiva. "Não se pode ter uma filosofia na alma sem que ela venha à tona. [...] A verdadeira pintura está plena da alma que empurra o pincel." Nas suas respostas, Flaubert concorda: ele sabe efetivamente que não lhe faltam convicções e que essas impregnam a sua obra. Ele sabe também que a sua preocupação com a verdade terá necessariamente um efeito moral. "A partir do momento em que uma coisa é Verdadeira, ela é boa. Os livros obscenos só são imorais porque lhes falta verdade." O que ele pede, em contrapartida, é que essas idéias não sejam soletradas de forma descritiva, mas que sejam sugeridas pela narrativa: cabe ao leitor tirar de "um livro a moralidade ali presente". Se isso não ocorre, é porque o livro é ruim ou o leitor é um imbecil!

Contudo, a verdadeira crítica de Sand está em outra parte: o que ela deplora não é a ausência de Flaubert de sua obra, mas a natureza dessa presença. Ela gosta de seu amigo, o aprecia; ora, ela não encontra o homem que conhece naquele que vive em suas obras. "Nutra-se das idéias e dos sentimentos acumulados em sua cabeça e em seu coração [...]. Toda sua vida de afeição, de proteção e de bondade encantadora e simples prova que você é o tipo singular mais convincente que existe. Mas, quando se trata de sua relação com sua literatura, você quer, não sei bem por quê, ser outro homem." O que ela censura nele, em suma, é não deixar lugar dentro da sua obra para seres como ele e, por conseguinte, não produzir um quadro fiel o bastante do mundo. A exigência primeira de Sand refere-se igualmente à Verdade, não ao Bem. O objetivo da literatura é representar a existência humana, mas a humanidade inclui também o autor e o seu leitor. "Você não pode se abstrair dessa contemplação; pois o homem é você, e os homens são o leitor. Por mais que faça, sua narrativa sempre será uma conversa entre você e esse leitor." A narrativa está necessariamente inserida num diálogo do qual os homens não são apenas o objeto, mas também os protagonistas.

Sand sabe de todo o esforço que Flaubert faz para, acima de tudo, ser verdadeiro, ainda que o caminho que ele tenha escolhido passe por esse trabalho obstinado sobre a forma, pois Flaubert acredita numa harmonia secreta, numa relação necessária entre forma e conteúdo. Tal é o seu método: "Quando descubro uma assonância ruim ou uma repetição em uma das minhas frases, tenho certeza de que estou patinando no Falso." Não é esse método o que incomoda Sand; para ela, o debate não se centra na maneira de procurar, mas na natureza do feliz achado. Escritores como Flaubert "têm mais estudo e talento do que eu. Entretanto, creio que lhes falta, e a você sobretudo, uma visão mais definitiva e mais ampla da vida". O quadro vivo que emerge dos livros de Flaubert não é verdadeiro o suficiente, pois é sistemático em demasia e, por conseguinte, monótono. "Quero ver o homem tal como ele é. Ele não é bom ou mau: é bom *e* mal. Mas há algo ainda, a nuança, a nuança que é para mim o objetivo da arte." Ela retorna ao tema em sua carta seguinte: "A verdadeira realidade é uma mistura de beleza e feiúra, de palidez e luminosidade."[25] Assim, aqueles que num certo momento foram chamados de realistas fizeram uma escolha que trai a realidade: eles obedecem a uma convenção arbitrária que lhes exige representar unicamente a face negra do mundo. O que os niilistas traem não é o Bem, mas o Verdadeiro.

A fonte dessa diferença entre Sand e Flaubert está na própria filosofia de cada um. Flaubert — que declarava à sua amante Louise Collet "tenho ódio à vida" ou, ainda, "a vida só é tolerável sob a condição de não se estar nela"[26] — parece ser, aos olhos de George Sand, um "católico que anseia pelo ressarcimento", dado que odeia e maldiz a vida como se houvesse uma alternativa a ela, como se a "vida verdadeira" estivesse em outro lugar. Flaubert age como se esperasse uma existência melhor no além. Ele adotou sem o proclamar a doutrina agostiniana segundo a qual o mundo visível decaiu e os homens são desprezíveis, enquanto a salvação os aguarda na cidade de Deus.* Já Sand gosta a cada dia mais da vida presente. "Quanto a mim, quero gravitar até meu último suspiro, não com a certeza ou a exigência de encontrar alhures um *bom lugar*, mas porque o meu único gozo é

---

* Referência à *Cidade de Deus*, livro escrito por Santo Agostinho entre 412 e 427. (N.T.)

manter-me junto aos meus no caminho da ascese." Essa sabedoria traz "a *felicidade*, ou seja, a aceitação da vida tal como ela é". É o que Sand chama também "o inocente prazer de viver por viver". [27]

O desacordo não está, por conseguinte, entre dois ideais diferentes: tanto Flaubert quanto Sand reconhecem que a literatura anseia, sobretudo, por uma forma de verdade. Esse desacordo se situa, de fato, no juízo que incide sobre a veracidade da narrativa. Nesse aspecto, Flaubert pode apenas constatar a sua impotência em ir mais adiante. "Não posso mudar meus olhos!" "São inúteis as suas pregações; não posso ter um temperamento diferente do que tenho." Sand, por sua vez, deve admiti-lo: não é possível escolher total e livremente ser o que se é, e mesmo pessoas tão benevolentes umas com as outras como o são Flaubert e Sand não podem seguir tão facilmente os conselhos recebidos. As recomendações que ela faz a Flaubert parecem-nos, por essa razão, ligeiramente inúteis. No entanto, ao iniciar a redação de *Um Coração Simples*, o escritor anuncia à sua correspondente: "Você vai reconhecer sua influência direta."

Ao evocar essa antiga troca de cartas, podemos ver que, apesar das divergências de interpretação, uma mesma concepção da literatura continua a afirmar-se nos dois correspondentes: essa concepção permite uma melhor compreensão da condição humana e transforma o ser de cada um dos seus leitores a partir de seu interior. Não temos todos grande interesse em aderir a esse ponto de vista? Libertar a literatura do espartilho asfixiante em que está presa, feito de jogos formais, queixas niilistas e "umbiguismo" solipsista? Isso poderia, por sua vez, levar a crítica a percorrer horizontes mais amplos, retirando-a do gueto formalista que interessa apenas a outras críticas, proporcionando a ela a abertura para o grande debate de idéias do qual participa todo conhecimento do homem.

O efeito mais importante dessa mutação diz respeito ao ensino escolar de literatura (do "francês"), porque esse ensino se destina a todas as crianças e, através delas, à maioria dos adultos; é por essa razão que, à guisa de conclusão, gostaria de retornar a esse tema. A análise das obras feita na escola não deveria mais ter por objetivo ilustrar os conceitos recém-introduzidos por este ou aquele lingüista, este ou aquele teórico da literatura, quando, então, os textos são apresentados como uma aplicação da língua e do discurso; sua tarefa deveria ser a de nos fazer ter acesso ao sentido dessas obras — pois postulamos que esse sentido, por sua vez, nos conduz a um conhecimento do humano, o qual importa a todos. Como já o disse, essa idéia não é estranha a uma boa parte do próprio mundo do ensino; mas é necessário passar das idéias à ação. Num relatório estabelecido pela Associação dos Professores de Letras, podemos ler: "O estudo de Letras implica o estudo do homem, sua relação consigo mesmo e com o mundo, e sua relação com os outros." Mais exatamente, o estudo da obra remete a círculos concêntricos cada vez mais amplos: o dos outros escritos do mesmo autor, o da literatura nacional, o da literatura mundial; mas seu contexto final, o mais importante de todos, nos é efetivamente dado pela própria existência humana. Todas as grandes obras, qualquer que seja sua origem, demandam uma reflexão dessa dimensão.

O que devemos fazer para desdobrar o sentido de uma obra e revelar o pensamento do artista? Todos os "métodos" são bons, desde que continuem a ser meios, em vez de se tornarem fins em si mesmos. Mais do que uma receita, gostaria de dar aqui um exemplo, o do estudo que o crítico norte-americano Joseph Frank consagrou a Dostoievski; um dos volumes dessa monografia (que conta um total de cinco) foi traduzido para o francês com o título de *Dostoïevski. Les années miraculeuses*.[28] Esse livro é antes de tudo uma biografia, pois certos acontecimentos da vida de Dostoievski têm papel essencial na compreensão não apenas da gênese, mas também do sentido de suas obras: por exemplo, sua quase execução em praça pública e os quatro anos de prisão que se seguiram, assim como as condições materiais difíceis por que passa ou as violências físicas que testemunha. Trata-se, igualmente, de uma história social detalhada da Rússia e da Europa de meados do século XIX. A tudo isso se acrescenta um debate filosófico: Dostoievski vive num meio em que as idéias de Hegel e Feuerbach, de Bentham e John Stuart Mill são consideradas como palavras do Evangelho; e ele as absorve antes de combatê-las. Outro esclarecimento provém dos abundantes rascunhos e cadernos de notas deixados por Dostoievski, o que permite, a partir de uma abordagem genética, apreender a constituição progressiva do sentido das obras. Por último, apesar de nada ignorar das diversas investigações formalistas ou estruturalistas em análise textual, Frank sabe utilizá-las de modo a nos fazer ter acesso ao pensamento do seu autor.

Aquilo de que nos damos conta, gradualmente, é que todas essas perspectivas ou abordagens de um texto, longe de serem rivais, são complementares — desde que se admita de início que o escritor é aquele que observa e compreende o mundo em que vive antes de encarnar esse conhecimento em histórias, personagens, encenações, imagens, sons. Em outros termos, as obras produzem o sentido, e o escritor pensa; o papel do crítico é o de converter esse sentido e esse pensamento na linguagem comum do seu tempo — e pouco nos importa saber quais os meios utilizados para atingir seu objetivo. O "homem" e a "obra", a "história" e a "estrutura" também são bem-vindos! E o resultado é este: ao possibilitar a inclusão do pensamento do autor no debate infinito de que é objeto a condição humana, o estudo literário de J. Frank torna-se uma lição de vida.

Devemos entender aqui a literatura no seu sentido amplo, recordando os limites historicamente instáveis dessa noção. Portanto, não tomaremos como um dogma inabalável os axiomas já batidos dos últimos românticos, segundo os quais a estrela da poesia não teria nada em comum com a cantilena da "reportagem universal" produzida pela linguagem comum. Reconhecer as virtudes da literatura não nos obriga a crer que "a verdadeira vida é a literatura" ou que "tudo no mundo existe para se conduzir a um livro", dogma que excluiria três quartos da humanidade da "verdadeira vida". Os textos hoje tidos como "não-literários" têm muito a nos ensinar; e, quanto a mim, eu teria de bom grado tornado obrigatório, em aulas de literatura, o estudo da carta, infelizmente nada fictícia, que Germaine Tillion escreveu na prisão de Fresnes, endereçada ao tribunal militar alemão, em 3 de janeiro de 1943. Trata-se de uma obra-prima de humanidade, na qual forma e conteúdo são inseparáveis; os alunos teriam muito a aprender com esse texto.[29] Não "assassinamos a literatura" (retomando o título de um panfleto recente) quando também estudamos na escola textos "não-literários", mas quando fazemos das obras simples ilustrações de uma visão formalista, ou niilista, ou solipsista da literatura.

Vemos que se trata aqui de uma ambição bem mais ampla do que aquela hoje proposta aos alunos. Além disso, as mudanças implicadas teriam de resto conseqüências imediatas no espectro profissional. Sendo o objeto da literatura a própria condição humana, aquele que a lê e a compreende se tornará não um especialista em análise literária, mas um conhecedor do ser humano. Que melhor introdução à compreensão das paixões e dos comportamentos humanos do que uma imersão na obra dos grandes escritores que se dedicam a essa tarefa há milênios? E, de imediato: que melhor preparação pode haver para todas as profissões baseadas nas relações humanas? Se entendermos assim a literatura e orientarmos dessa maneira o seu ensino, que ajuda mais preciosa poderia encontrar o futuro estudante de direito ou de ciências políticas, o futuro assistente social ou psicoterapeuta, o historiador ou o sociólogo? Ter como professores Shakespeare e Sófocles, Dostoievski e Proust não é tirar proveito de um ensino excepcional? E não se vê que mesmo um futuro médico, para exercer o seu ofício, teria mais a aprender com esses mesmos professores do que com os manuais preparatórios para concurso que hoje determinam o seu destino? Assim, os estudos literários encontrariam o seu lugar no coração das humanidades, ao lado da história dos eventos e das idéias, todas essas disciplinas fazendo progredir o pensamento e se alimentando tanto de obras quanto de doutrinas, tanto de ações políticas quanto de mutações sociais, tanto da vida dos povos quanto da de seus indivíduos.

Se aceitarmos essa finalidade para o ensino literário, o qual não serviria mais unicamente à reprodução dos professores de Letras, podemos facilmente chegar a um acordo sobre o espírito que o deve conduzir: é necessário incluir as obras no grande diálogo entre os homens, iniciado desde a noite dos tempos e do qual cada um de nós, por mais ínfimo que seja, ainda participa. "É nessa comunicação inesgotável, vitoriosa do espaço e do tempo, que se afirma o alcance universal da literatura", escrevia Paul Bénichou.[30] A nós, adultos, nos cabe transmitir às novas gerações essa herança frágil, essas palavras que ajudam a viver melhor.

Notas

1. S. Doubrovsky, T. Todorov (org.), *L'Enseignement de la littérature*, Paris, Plon, 1971, p. 630.
2. J. Rousset, *Forme et signification*, Paris, José Corti, 1962 p. II.
3. Cf. T. Todorov, *Théories du symbole*. Paris, Seuil, 1977; M. H. Abrams, *Doing Things with Texts*, Nova York, Norton, 1989; L. Ferry, *Homo æstheticus*, Paris, Grasset, 1990.
4. Platão, *Filebo*, 60c.
5. A. Shaftesbury, *Characteristics of Men, Matters, Opinions, Times*, ed. de 1790, t. 3, pp. 150-151.
6. G. Vico, *Science nouvelle*, Paris, Nagel, 1953, § 821.
7. L. Ferry, op. cit., p. 96.
8. G.E. Lessing, *Laokoon, Werke*. Bd. 5/2, Frankfurt, Deutscher Klassiker Verlag, 1990, cap. 9, p. 85.
9. *Idem, Hamburgische Dramaturgie, Werke*, Bd. 6, Frankfurt, Deutscher Klassiker Verlag, 1958, § 34, p. 348, p. 350; § 30, p. 332.
10. *Ibid.*, § 15, p. 257; § 49, p. 426.
11. B. Constant, *Œuvres*, Paris, Gallimard, 1979, *Journal intime*, p. 232; *Réflexions sur la tragédie*, pp. 908, 920.
12. *Idem*, "Esquisse d'un essai sur la littérature du XVIIIe siècle", *Œuvres complètes*. Tübingen, M. Niemeyer, 1995, t. III, vol. 1, p. 527.
13. G. de Staël, *De la littérature considérée dans ses rapports avec les institutions sociales*, Paris, Flammarion, 1991, p. 66.
14. C. Baudelaire, *Œuvres complètes*, 2 vol., Paris, Gallimard, 1975-1976, t. II, p. 333.
15. *Ibid.*, p. 127; *Correspondance*, 2. vol., Gallimard, 1973. t. I, pp. 336-337; *Œuvres complètes*, t. II, p. 421, p. 407; t. I, p. 182.

16. *Ibid.*, t. II, p. 457, p. 153.
17. Carta a Louise Collet de 15-16/5/1852, *Correspondance*, Paris, Gallimard, 1980, t. II, p. 91.
18. O. Wilde, "Le déclin du mensonge", *Œuvres*, Paris, Gallimard, 1996, p. 791; "Le Critique", *ibid.*, p. 865, p. 853.
19. K. Ph. Moritz, *Schriften zur Aesthetik und Poetik*, Tübingen, M. Niemeyer, 1962, p. 112.
20. M. Larionov, *in*: *Une avant-garde explosive*, Lausanne, L'âge d'homme, 1978, pp. 72-73; K. Malevitch, *Écrits*, t. I, Lausanne, L'âge d'homme, 1993, p. 102; B. Livchits, *apud* J.-Cl. Marcadé, *L'Avant-Garde russe 1907-1927*, Paris, Flammarion, 1995, p. 6.
21. J. S. Mill, *Autobiography*, Boston, Houghton-Mifflin Company, 1969, cap. 5, pp. 81, 89; trad. francesa.: *Mes Mémoires*, 1874, pp. 127, 141, 142.
22. Ch. Delbo, *Spectres, mes compagnons*, Paris, Berg International, 1995, p. 5.
23. R. Rorty, "Redemption from Egotism. James and Proust as spiritual exercices", *Telos*, 3:3, 2001.
24. E. Kant, *Œuvres philosophiques*, t. II, Paris, Gallimard, 1985, § 40, p. 1.073.
25. G. Flaubert-G. Sand, *Correspondance*, Paris, Flammarion, 1981, pp. 510-530.
26. Carta de 21/10/1851, p. 10; carta de 05/03/1853, p. 255, *Correspondance*, *op. cit.*
27. Carta de 12/01/1876, p. 516; carta de 08/12/1874, p. 486; carta de 05/11/1874, p. 483, G. Flaubert, G. Sand, *Correspondance*, *op. cit.*
28. J. Frank, *Dostoïevski. Les années miraculeuses*, Arles, Actes Sud, 1998.
29. G. Tillion, *Ravensbrück*, Paris, Seuil, 1988, pp. 35-40.
30. "Une communication inépuisable", *Mélanges sur l'œuvre de Paul Bénichou*, Paris, Gallimard, 1995, p. 228.

Este livro foi composto na tipografia
Classical Garamond BT, em corpo 11/13,2, e impresso
em papel off-white no Sistema Digital Instant Duplex
da Divisão Gráfica da Distribuidora Record.